술에는 안주

• *Prologue* •

술과 맛있는 음식이 있어
행복한 시간

요즘 집에서 '홈술', '홈파티'를 즐기는 사람들이 많아졌어요. 혼잡하고 비용이 부담스러운 외식 대신 가족, 친구, 연인과 함께 집에서 가벼운 술과 음식을 나누는 거죠.

소중한 이들과 함께하는 시간, 빼놓을 수 없는 게 바로 술과 음식이에요. 함께하고 싶은 사람이 있을 때, 지친 하루에 대한 보상으로 나를 위로하고 싶을 때, 맛있는 안주에 술 한 잔 곁들여보세요.

마음 맞는 친구, 혹은 사랑하는 사람과 함께 맛있는 음식을 앞에 놓고 술 한잔 기울이는 시간은 그 어느 순간보다 행복할 거예요.

요리에 곰손이라도 걱정할 필요 없어요. 별다른 솜씨나 특별한 재료 없이도 근사한 안주를 만들 수 있으니까요.
이 책에서는 부담 없이 한잔하기에 좋은 가벼운 안주부터, 밥이 되는 안주, 폼나는 홈파티 안주, 굽기만 하면 다 되는 초간단 안주까지 64가지의 술안주 레시피를 소개합니다. 맛은 물론 누구나 뚝딱 만들 수 있는 가성비 좋은 안주입니다.

채소나 과일을 말려 마른안주를 준비하고, 블루밍 어니언이나 페스토 가지구이로 실력 발휘를 해보세요.
홈파티에 어울리는 감바스나 통삼겹살구이도 이 책과 함께라면 문제없어요.

술 한잔이 생각날 때, 냉장고를 열고 집에 있는 재료로 술안주를 준비해보세요.
맛있는 술과 안주가 있고 좋아하는 사람이 함께한다면 이보다 행복할 순 없을 거예요.

장연정

목차

2 ―― prologue

8 ―― 술의 종류에 따라 어울리는 음식이 따로 있다
10 ―― 요리가 두 배로 맛있어지는 소스 만들기
11 ―― 요리의 맛과 멋을 살려주는 토핑 만들기
12 ―― 요리에 풍미를 더해주는 와인 제대로 즐기기
14 ―― 눈과 입을 즐겁게, 칵테일 레시피

Part 1.
인기 만점, 베스트 안주

20 ―― 감바스
22 ―― 고추냉이 마요 굴튀김
24 ―― 훈제 치킨
26 ―― 데리야키 닭날개구이
28 ―― 통마늘 닭날개 & 닭다리구이
30 ―― 항정살 대파구이
32 ―― 묵은지 돼지목살구이
34 ―― 골뱅이 비빔국수
36 ―― 통오징어구이

38 ―― 오징어튀김
40 ―― 황태튀김
42 ―― 모차렐라 치즈스틱
44 ―― 블루밍 어니언
46 ―― 콘 치즈 그라탱
48 ―― 케이준 웨지감자

Part 2.
부담 없이 한잔, 가벼운 안주

52 ―― 파르메산 치즈 감자스틱
54 ―― 시나몬 고구마스틱
56 ―― 감자 팬케이크
58 ―― 텍스멕스 해시브라운
60 ―― 꽈리고추 소시지구이
62 ―― 파르메산 치즈 옥수수구이
64 ―― 미니 핫도그
66 ―― 치즈 떡꼬치
68 ―― 칠리 팝만두
70 ―― 이탈리안 감자구이
72 ―― 감자 크로켓

Part 3.
술은 거들 뿐, 밥이 되는 안주

76	—	감자 그라탱
78	—	하와이안 무스비
80	—	구운 채소 크로켓밥
82	—	치즈 김치볶음밥
84	—	깍두기 스팸 볶음밥
86	—	얼큰 부대쫄면
88	—	그린빈을 곁들인 연어 스테이크
90	—	미트볼 파스타
92	—	나가사키 짬뽕
94	—	매콤한 치즈 비빔우동
96	—	불고기 두부 스테이크
98	—	토르티야 루콜라 피자
100	—	미니 밥피자
102	—	로제 만두

Part 4.
요즘엔 홈파티지! 폼나는 안주

106	—	소금 절임 로스트 포크
108	—	파인애플 통삼겹살구이
110	—	중국식 돼지등갈비구이
112	—	비프 타파
114	—	허브 치킨랩구이

116	훈제오리 채소구이
118	허브버터 새우구이
120	지중해 해산물구이
122	오징어순대
124	에스닉 완자구이
126	차돌박이 부추 샐러드
128	타이식 쌀국수 샐러드
130	페스토 가지구이
132	미니 파프리카구이

Part 5.
굽기만 하면 끝! 초간단 안주

136	과일 칩
138	채소 칩
139	구운 견과류
140	김말이튀김
141	비엔나소시지 구이
142	반건조 오징어구이
143	어묵구이
144	브리치즈 구이
145	아이스크림을 올린 바나나구이
146	마시멜로 초코 퐁듀

*술의 종류에 따라 어울리는 음식이 따로 있다

술의 종류에 따라 어울리는 음식이 있어요. 궁합이 좋은 술과 요리를 함께 즐기면 그 맛이 더 풍부해지고 식후 소화에 도움을 줄 수 있어요. 술의 종류에 따라 잘 어울리는 음식들을 모아봤어요.

막걸리 : 삼겹살, 오징어순대, 완자전, 골뱅이무침

대표적인 발효주인 막걸리는 달착지근하면서 알코올 도수 6도 정도로 부담없이 마시기에 좋다. 청량감이 뛰어나고 톡 쏘는 맛이 좋아 기름진 음식과 잘 어울린다. 도수가 낮고 맛이 강하지 않아 수분이 많은 국물 음식을 먹으면 그 맛을 잘 느끼지 못한다. 맛이 너무 강한 음식도 막걸리 고유의 맛을 방해할 수 있으므로 피하는 것이 좋다.

청주 : 닭꼬치, 감자 크로켓, 해산물 구이, 어묵탕

쌀과 누룩으로 빚은 맑은 술인 청주는 알코올 도수 13~18도로, 식사의 반주로 마시기에 적합하다. 청주는 향으로 즐기는 술이다 보니 곁들이는 안주의 맛이 강한 것보다 재료 고유의 향과 맛을 살린 요리가 어울린다. 차게 마시는 게 좋고, 데워서 마실 경우 사람 체온 정도로 따뜻하게 데우는 것이 좋다.

맥주 : 황태구이, 오징어구이, 고구마스틱, 양파튀김

보리를 가공한 맥아에 홉을 첨가해서 발효시킨 맥주는 알코올 도수 4~5도 정도로 막걸리보다 낮다. 맥주 안주로는 위에 부담을 주지 않으면서 칼로리가 높지 않은 음식으로 구성한다. 특히 맥주는 금방 배가 부른 만큼, 만복감이 덜한 메뉴를 선택하는 것이 좋다. 음식을 한꺼번에 다 준비하기보다 상황에 맞게 한두 가지 정도만 선택해서 차리도록 한다.

와인 : 스테이크, 카나페, 치즈 플래터, 피자

포도즙을 발효시켜서 만든 와인은 알칼리 성분을 띠고 있어 육류와 같은 산성식품과 함께 먹는 게 좋다. 맛이 진한 육류 요리에는 감칠맛이 나고 향이 강한 레드와인이 어울린다. 전채나 카나페에는 식욕을 촉진시키는 드라이한 화이트와인, 디저트나 중국요리에는 스위트 와인이 잘 어울린다. 와인의 알코올 도수는 12~15도 정도.

양주 : 과일, 석화찜 또는 굴튀김, 크림치즈, 훈제 연어

서양의 증류주(spirit)를 통칭하는 말로 위스키, 브랜드, 럼, 보드카 등이 포함된다. 알코올 도수가 높기 때문에 속을 보호해주는 음식이나 고단백 저칼로리 음식을 추천한다. 간단한 스낵이나 묵직하지 않은 안주들이 양주와 어울린다. 알코올을 순화하기 위해 얼음을 타서 마시는 '온 더 락스' 스타일이나 칵테일로 마시기도 한다.

페스토 오일 소스

딥 소스

*요리가 두 배로 맛있어지는 소스 만들기

술과 어울리는 안주에 다양한 소스를 곁들여보세요. 마요네즈, 간장, 요구르트 등 기본이 되는 양념에 구하기 쉬운 재료들을 잘 섞기만 하면 돼요. 기름에 굽고 튀기는 안주를 질리지 않고 오래 먹을 수 있게 해주는 소스들을 모았어요.

요구르트 드레싱

- **오리엔탈 드레싱** | 간장·올리브오일·식초 2큰술씩, 설탕 1큰술, 다진 마늘 1/2작은술
- **페스토 오일 소스** | 바질 잎 1줌, 마늘 3쪽, 올리브오일 3큰술, 견과류·소금·후춧가루 조금씩
- **딥 소스** | 마요네즈 2큰술, 식초·올리고당 1/2큰술씩, 다진 마늘 1작은술, 후춧가루 조금
- **요구르트 드레싱** | 플레인 요구르트 2큰술, 레몬즙·꿀 1큰술씩, 다진 양파·다진 마늘 1작은술씩
- **청양고추 마요 소스** | 청양고추 1개, 마요네즈·고추장 2큰술씩, 설탕 1작은술

청양고추 마요 소스

마늘 칩

크루통

* 요리의 맛과 멋을 살려주는 토핑 만들기

마늘 칩, 크루통, 베이컨 칩, 선드라이 토마토. 술과 함께 곁들일 안주에 쉽고 가볍게 올려서 보기에도 먹음직스럽고, 맛도 더 풍성해지는 토핑이에요. 작은 차이로 눈과 입이 즐거운 토핑, 직접 만들어보세요.

선드라이 토마토

- **마늘 칩** | 마늘을 얇게 저민다. 프라이팬에 기름을 두르고 중약 불로 예열한 후 준비한 마늘을 넣고 볶는다.
- **크루통** | 식빵을 1cm 크기로 썰고 올리브오일과 다진 마늘, 파슬리와 잘 버무린다. 버무린 식빵을 프라이팬에 약불로 30분간 굽는다.
- **베이컨 칩** | 베이컨을 잘게 썰고 달군 프라이팬에 넣고 바삭하게 볶는다.
- **선드라이 토마토** | 방울토마토를 반으로 잘라 올리브오일에 조금 버무리고 오븐 150℃에 60분간 굽는다.

베이컨 칩

*요리에 풍미를 더해주는
와인 제대로 즐기기

신의 선물로 불리는 와인, 어느 자리에서나 와인을 제대로 즐기려면 기본 매너를 익혀두는 것이 좋아요. 와인을 따르는 요령부터 잔을 쥐는 요령, 마시는 요령까지 식사 시간을 더 기분 좋게 할 수 있는 기본적인 매너들을 알아보세요.

1. 와인을 받을 때 잔을 들어 올리지 않는다

+ 와인 매너 중의 하나는 누군가 와인을 따라줄 때 잔을 들어 올리면 안 된다는 것이다. 우리나라에서는 술을 따라줄 때 잔을 들어 두 손으로 받는 것이 예의지만, 와인은 서로 동등한 위치에서 마시는 술인 만큼 그대로 테이블 위에 잔을 올려 두도록 한다. 상대가 와인을 따라 주었을 때 가벼운 묵례나 눈인사로 감사의 뜻을 표시하는 것으로 충분하다.

2. 시계 반대 방향으로 여성의 잔부터 따른다

+ 와인을 따를 때는 시계 반대 방향으로 여성의 잔부터 따른다. 그런 다음 시계 방향으로 남성의 잔에 따르면 된다. 와인을 흘리지 않고 따르려면 따른 후에 병을 들어 올리면서 살짝 돌린다. 우리나라 사람들은 자신이 마시던 술잔을 돌려서 술을 따르는 경우가 많은데, 와인 잔은 남에게 주지도 받지도 않는 것이 매너다.

3. 레드와인은 1/2, 화이트와인은 2/3만 채운다

+ 와인을 따르는 양은 와인의 종류에 따라 달라진다. 레드와인의 경우에는 1/3, 많아도 반 정도가 적당하다. 잔을 가볍게 흔들어 마셔야 레드와인의 풍부한 향을 느낄 수 있기 때문이다. 화이트와인은 취향에 따라 마시면 되는데, 보통 잔의 2/3까지도 괜찮다.

4. 와인 잔은 다리 부분만 손가락으로 잡는다

+ 와인 잔을 잡을 때는 다리 부분만 손가락으로 잡아야 한다. 손바닥으로 잔을 감싸는 식으로 잡으면 와인 매너에 어긋날 뿐만 아니라 체온에 의해 와인

의 온도가 올라가서 제맛을 내지 못한다. 와인 잔의 날렵한 모양 자체가 와인을 충분히 즐기기 위한 목적에서 만들어졌다. 길고 가느다란 다리는 손의 체온에 의해 와인의 온도가 높아지는 것을 막아주고, 아래쪽이 넓고 위로 갈수록 좁아지는 형태는 와인의 향을 모아주는 역할을 한다.

5. 눈으로 보고 향, 맛을 음미하며 마신다

+ 와인을 마실 때는 잔의 다리 부분을 손으로 잡은 상태에서 눈으로 와인의 빛깔을 보며 가볍게 흔든 다음 잔을 코에 가까이 대고 향부터 음미한다. 그런 다음 한 모금만 마셔서 입안에 굴려 맛을 느낀 후 여러 번으로 나누어서 천천히 마시면 된다.

6. 일단 개봉하면 한번에 비우는 게 좋다

+ 개봉을 한 와인은 산소와 접촉해 맛이 떨어지기 마련이다. 그래서 와인 전문점에서는 와인 펌프를 이용해 병을 진공상태로 만든 다음 스테인리스로 된 병마개로 막아서 산소를 차단한다. 이렇게 하면 1주일 정도는 보관이 가능하다. 하지만 집에서는 진공 보관이 어려운 만큼 한 번에 마시는 것이 좋다.

· **와인 고르는 요령**

프랑스 보르도 와인으로 본 라벨 읽기

- 1급 포도밭 표시
- 양조장 이름
- 마을명(산지명)
- 빈티지
- 용량
- 알코올 도수

와인 고르기는 와인의 라벨 읽는 것부터 시작이다. 와인바에 가든 와인숍에서 와인을 구입하든 꼭 살펴야 하는 것이 라벨이다. 라벨에는 와인의 모든 이력이 기록되어 있다. 어떤 포도로 만들었는지, 어느 나라, 어느 지역에서 만들었는지, 어떤 등급인지, 누가 만들었는지, 언제 만들었는지 등 와인에 대한 모든 정보가 있다. 나라마다 표기법과 언어가 다르지만, 어떤 패턴으로 쓰여 있는지 안다면 와인을 고를 때 큰 도움이 된다. 라벨을 읽을 때는 큰 글씨부터 파악하면 기억하기가 쉽다.

*눈과 입을 즐겁게, 칵테일 레시피

맛, 향기, 색채의 세 가지 요소가 조화를 이룬 음료, 칵테일. 주변에서 쉽게 구할 수 있는 술로 나만의 칵테일을 만들어보세요. 부드럽고 예쁜 칵테일 한잔과 깔끔한 술안주가 분위기를 더욱 살려줄 거예요.

드라이 마티니

진을 베이스로 만드는 대표적인 칵테일로 '칵테일의 왕'이라고 불린다. 향긋하고 깔끔한 맛이 특징이다. 쓴맛이 강해 식전에 먹기에 좋다.

재료
- 진 60mL
- 드라이 베르무트 20mL
- 올리브 1개

만드는 방법
1. 믹싱 글라스에 얼음, 진, 드라이 베르무트를 넣고 바 스푼으로 가볍게 젓는다.
2. 올리브를 칵테일 픽에 꽂아 장식한다.

진 토닉

청량하고 산뜻한 맛이 난다. 이름처럼 진과 토닉워터의 간단한 조합으로 쉽게 만들 수 있고, 재료를 바꿔 여러 가지 맛으로 응용할 수 있다.

재료
- 진 30mL
- 토닉워터 90mL
- 레몬 슬라이스 적당량

만드는 방법
1. 잔에 얼음과 진, 토닉워터를 넣고 바 스푼으로 가볍게 젓는다.
2. 슬라이스한 레몬을 올려 장식한다.

섹스 온 더 비치

자극적인 이름과 다르게 과일 맛이 강하고 도수가 낮아 대중적인 사랑을 받는 칵테일. 적당한 과일주와 보드카만 있으면 집에서 안주와 함께 가볍게 마시기 좋다.

재료

- 보드카 45mL
- 피치 리큐르 30mL
- 오렌지주스 60mL
- 크렌베리주스 60mL

만드는 방법

1. 셰이커에 얼음, 보드카, 피치 리큐르, 오렌지주스, 크렌베리주스를 넣고 잘 흔든다.
2. 얼음을 채운 잔에 스트레이너를 대고 준비한 잔에 따른다.

모히토

오리지널 베이스인 럼에 민트와 라임, 탄산수가 더해져 상큼한 맛이 나는 여름철 대표 칵테일. 기호에 따라 과일을 더해도 맛있다.

재료

- 화이트 럼 45mL
- 탄산수 90mL
- 설탕 3작은술
- 라임 1개
- 애플민트 적당량

만드는 방법

1. 라임을 반으로 자르고 반은 즙을 내고 나머지는 적당한 크기로 자른다.
2. 애플민트, 설탕, 라임즙, 자른 라임을 잔에 넣고 칵테일 머들러로 살짝 으깬다.
3. 잘게 부순 얼음을 넣은 뒤 럼과 탄산수를 붓고 가볍게 젓는다.

마가리타

테킬라 베이스 대표 칵테일. 테킬라의 강렬한 맛을 그대로 느낄 수 있으면서도 재료의 다채로운 맛이 더해져 시큼하고 독특한 맛이 난다.

재료

- 테킬라 45mL
- 트리플 섹 15mL
- 라임주스 15mL
- 소금 조금

만드는 방법

1. 잔의 가장자리를 레몬이나 라임으로 문지르고 소금을 묻힌다.
2. 셰이커에 테킬라, 트리플 섹, 라임주스를 넣고 적당히 흔든다.
3. 잔에 잘게 부순 얼음을 넣고 붓는다.

아이리시 커피

그윽한 향의 커피에 아이리시 위스키를 넣어 만든다. 시럽과 시나몬 파우더를 추가해 달콤함과 향긋함을 더했다. 추운 날 몸을 녹여주는 칵테일.

재료

- 아이리시 위스키 45mL
- 에스프레소 45mL
- 시럽 15mL
- 휘핑크림 적당량
- 시나몬 파우더 적당량
- 뜨거운 물 90mL

만드는 방법

1. 잔에 아이리시 위스키, 에스프레소, 시럽, 뜨거운 물을 넣고 바 스푼으로 가볍게 젓는다.
2. 마지막으로 휘핑크림을 올리고 시나몬 파우더를 뿌려 마무리한다.

준 벅

여러 가지 리큐르와 과일주스가 들어가 풍부한 맛과 향이 난다. 새콤달콤한 맛에 코코넛 향이 더해져 이국적인 맛이 특징. 무더운 여름철에 아주 잘 어울린다.

재료

- 멜론 리큐르 30mL
- 코코넛 리큐르 15mL
- 바나나 리큐르 15mL
- 파인애플주스 60mL
- 레몬주스 30mL
- 파인애플 슬라이스 적당량
- 마라스키노 체리 1개

만드는 방법

1. 셰이커에 얼음, 멜론 리큐르, 코코넛 리큐르, 바나나 리큐르, 파인애플주스, 레몬주스를 넣고 재료가 잘 섞이도록 힘차게 셰이킹한다.
2. 잔에 얼음을 넣고 스트레이너를 이용해 섞은 재료를 잔에 따른다.
3. 파인애플 슬라이스와 마라스키노 체리를 칵테일 픽에 꽂아 장식한다.

상그리아

저렴한 레드와인에 여러 가지 좋아하는 과일을 듬뿍 넣어 만드는 홈파티용 술. 드라이한 와인으로 만들 때는 과일에 설탕을 뿌린 뒤 잠깐 절였다가 붓는다.

재료

- 레드와인 1병
- 과일 적당량
  (사과, 오렌지, 레몬 등)

만드는 방법

1. 과일은 깨끗이 씻어 적당한 크기로 자른 뒤 뚜껑이 있는 병에 담는다.
2. 준비한 병에 레드와인을 부어 냉장고에 하룻밤 이상 숙성한다. 기호에 따라 탄산수나 사이다를 섞어서 마신다.

Part 1.

인기 만점,
베스트 안주

Cooking Recipe

감바스

새우와 마늘을 올리브오일에 넣고 끓인 감바스는 분위기 있게 즐기기에 좋은 인기 술안주입니다. 바삭하게 구운 바게트를 곁들여도 좋고 오일 파스타를 만들어도 맛있어요.

재료

- 칵테일새우 20마리
- 화이트와인 2큰술
- 마늘 5톨
- 셀러리 1대
- 올리브오일 1/2컵
- 소금·후춧가루 조금씩

만드는 방법

1. 새우 준비하기
칵테일새우는 물에 헹군 뒤 화이트와인과 소금·후춧가루로 밑간한다.

2. 채소 준비하기
마늘은 얇게 저미고, 셀러리는 어슷하게 썬다.

3. 올리브오일 끓이기
팬에 올리브오일을 넣고 끓인다. 기포가 올라오면 저민 마늘을 넣어 1분 정도 끓인다.

4. 칵테일 새우 넣기
끓는 오일에 칵테일새우와 셀러리를 넣고 소금·후춧가루로 간해 좀 더 끓인다.

Tip.
+ 매콤한 맛을 더하려면 페페론치노를 추가해보세요. 매콤한 감칠맛이 일품입니다.
+ 오븐 용기에 오일을 붓고 모든 재료를 다 넣은 뒤, 200℃의 에어프라이어에 15분 정도 끓이면 더 간편하게 즐길 수 있어요.

Cooking Recipe

고추냉이 마요 굴튀김

매콤 고소한 고추냉이 마요 소스를 곁들인 굴튀김은 맥주 안주로 최고죠.
밀가루, 달걀, 빵가루를 묻혀서 에어프라이어에 굽기만 하면 기름 걱정 없이
영양 많은 굴튀김을 준비할 수 있어요.

재료

- 굴 1봉지(300g)
- 튀김옷
  밀가루 1/2컵
  달걀 2개
  빵가루 2컵
  파르메산 치즈가루 5큰술
  파슬리가루 약간
  소금·후춧가루 조금씩
- 식용유 조금
- 고추냉이 마요 소스
  고추냉이 1큰술
  마요네즈 2큰술
  다진 양파 1/4개
  설탕 1/2큰술

만드는 방법

1. **굴 손질하기**
   굴은 소금물에 씻은 뒤 체에 밭쳐 물기를 빼고 소금·후춧가루로 밑간한다.

2. **튀김가루 준비하기**
   빵가루와 파르메산 치즈가루, 파슬리가루를 분량대로 섞어둔다.

3. **튀김옷 입히기**
   굴에 밀가루를 묻힌 뒤 곱게 푼 달걀물에 담갔다가 ②의 튀김가루를 입힌다.

4. **에어프라이어에 굽기**
   종이포일 위에 담고 식용유를 뿌린 뒤 에어프라이어 180℃에서 8분, 뒤집어서 4분 굽는다. 더 바삭하게 즐기려면 냄비에 기름을 넣고 160℃에서 튀긴다.

Tip.

+ 튀김가루에 파슬리가루를 섞어도 좋고, 칠리파우더나 고춧가루를 섞어서 매콤한 굴튀김을 만들어도 좋아요.

Cooking Recipe

훈제 치킨

스모크 칩으로 훈제 향을 낸 홈메이드 훈제 치킨. 담백한 훈제 치킨은 야식으로 준비해도 좋고 술안주로 내놓아도 환영받아요. 프라이드치킨과는 또 다른 매력이 있답니다.

재료

- 닭다리살 4개
- 황설탕 2큰술
- 소금 2작은술
- 스모크 칩 30g
- 허브 솔트 조금

만드는 방법

1. 닭다리 밑간해 숙성시키기
닭다리에 칼집을 낸 뒤 황설탕과 소금을 뿌려 냉장고에 1시간 정도 숙성시킨다.

2. 스모크 칩 물에 불리기
스모크 칩은 물에 30분 정도 담갔다가 꺼낸다.

3. 닭다리 굽기
에어프라이어에 알루미늄포일을 깔고 스모크 칩을 넣은 뒤 닭다리를 올려 180℃에서 앞뒤로 15분씩 굽는다.

4. 접시에 담기
구운 훈제 치킨을 접시에 담고 허브 솔트를 뿌린다.

Tip.
+ 스모크 칩은 물에 담갔다가 사용해야 구울 때 수증기가 발생해 훈제 향이 고루 배어요.
+ 닭고기에 황설탕과 소금을 뿌리고 랩으로 싸서 냉장고에 1~2일간 숙성시켰다가 구우면 더욱 맛있어요.

Cooking Recipe

데리야키 닭날개구이

닭날개를 달콤 짭조름한 데리야키 소스에 잰 뒤 에어프라이어에 구웠어요.
데리야키의 감칠맛과 닭날개의 쫄깃함이 매력이에요.

재료

- 닭날개 10개
- 닭날개 밑간
  맛술 1큰술
  소금·후춧가루 조금씩
- 데리야키 간장 소스
  간장 2큰술
  맛술 1큰술
  굴소스 1/2작은술
  매실액 1큰술
  다진 마늘 1큰술
  후춧가루 조금

만드는 방법

1. 닭날개 손질하기
닭날개는 기름기를 떼어내고 칼집을 넣는다.

2. 닭날개 밑간하기
손질한 닭날개에 밑간을 해서 15분 정도 둔다.

3. 소스에 재기
밑간한 닭날개에 간장 소스를 넣어 30분가량 잰다.

4. 에어프라이어에 굽기
에어프라이어에 종이포일을 깔고 닭날개를 올린 뒤 180℃에서 10분 굽고 뒤집어서 10분 굽는다.

Tip.

+ 소스는 직접 만드는 대신 시판용 데리야키 소스를 이용해도 좋아요.
+ 닭다리살로 만들어도 맛있어요.

Cooking Recipe

통마늘 닭날개 & 닭다리구이

닭날개와 닭다리를 꿀과 허브 솔트로 밑간해 통마늘과 함께 구웠어요. 짭짤하면서 달콤한 닭고기와 마늘의 향이 잘 어우러져 술안주로 내놓으면 자꾸 손이 가는 메뉴입니다.

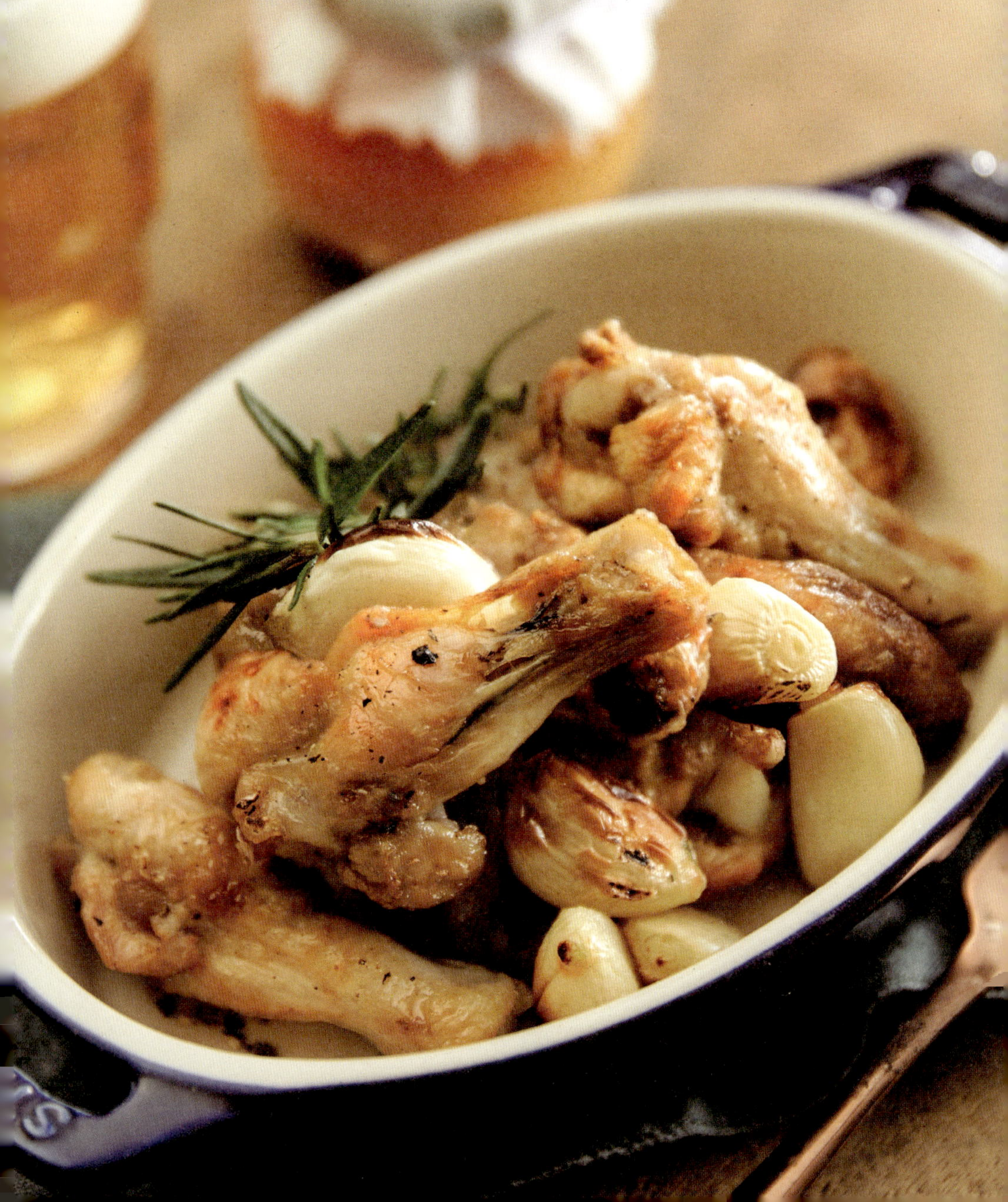

재료 _____

- 닭날개 4개
- 닭다리(닭봉) 4개
- 닭날개 밑간
  꿀 2큰술
  맛술 1큰술
  올리브오일 1큰술
  허브솔트 1큰술
- 마늘 10톨

만드는 방법 _____

1. 닭 손질해 밑간하기
닭날개와 닭다리는 중간중간 칼집을 내고 밑간을 해서 고루 섞는다.

2. 냉장고에 재두기
밑간한 닭날개와 닭다리를 랩으로 덮은 뒤 냉장고에 30분가량 재둔다.

3. 에어프라이어에 굽기
종이포일 위에 닭날개와 닭다리, 마늘을 올리고 200℃에서 10분 굽고 뒤집어서 10분 더 굽는다.

Tip. _____
+ 닭고기에 중간중간 칼집을 넣어야 간이 잘 배고 속까지 골고루 익어요.

Cooking Recipe
항정살 대파구이

고소한 항정살을 된장 양념에 재었다가 대파와 함께 노릇하게 구워보세요.
짭조름한 항정살과 구운 대파의 단맛이 잘 어울려 술안주로 준비하면 좋아요.

재료

- 돼지 항정살 400g
- 대파 1대
- 올리브오일 2큰술
- 돼지고기 양념
  미소(일본 된장) 2큰술
  맛술 2큰술
  간장 1큰술
  후춧가루 조금

만드는 방법

1. **돼지고기 양념에 재기**
   돼지고기는 종이타월로 눌러 핏물을 뺀 다음 양념에 버무려 15분간 재둔다.

2. **대파 썰기**
   대파는 항정살과 같은 길이로 썬다.

3. **항정살 굽기**
   종이포일 위에 항정살을 올린 다음 에어프라이어에 넣고 180℃에서 15분 굽는다.

4. **대파 넣고 굽기**
   항정살을 한 번 뒤집어준 뒤 대파를 올리고 온도를 150℃로 낮춰 15분 더 굽는다.

Tip.
+ 대파 대신 양파를 구워도 맛있어요. 대파는 기호에 따라 굽는 시간을 조절하세요.

Cooking Recipe

묵은지 돼지목살구이

돼지 목살을 에어프라이어에 구우면 겉은 바삭하고 속은 촉촉하게 잘 익어요.
잘 익은 묵은지에 돼지목살구이를 싸서 먹으면 막걸리 안주로 그만입니다.

재료

- 돼지 목살 400g
- 묵은지 400g
- 생고추냉이 1큰술
- 소금·후춧가루 조금씩

만드는 방법

1. **돼지고기 밑간하기**
   돼지고기는 종이타월로 감싸 핏물을 뺀 뒤 소금·후춧가루로 밑간한다.

2. **묵은지 썰기**
   묵은지는 물에 헹궈서 물기를 꼭 짠 뒤 5cm 길이로 썬다.

3. **에어프라이어에 굽기**
   180℃로 예열한 에어프라이어에 종이포일을 깔고 목살을 올린 뒤 20분 굽고 뒤집어서 20분 굽는다.

4. **접시에 담기**
   잘 구워진 목살을 잘라 접시에 담고 묵은지와 생고추냉이를 곁들인다.

Tip.

+ 두툼한 고기를 구울 때는 에어프라이어를 예열한 다음 고기에 칼집을 내 구워야 속까지 고루 익어요.
+ 생고추냉이는 마늘처럼 큐브 틀에 넣어서 냉동 보관 하면 맛과 향을 그대로 보존할 수 있어요.

Cooking Recipe

골뱅이 비빔국수

매콤 새콤한 골뱅이무침은 막걸리 안주로 제격이죠.
골뱅이무침에 소면을 곁들여 한 끼 식사를 대신할 수 있는 술안주가 되었어요.

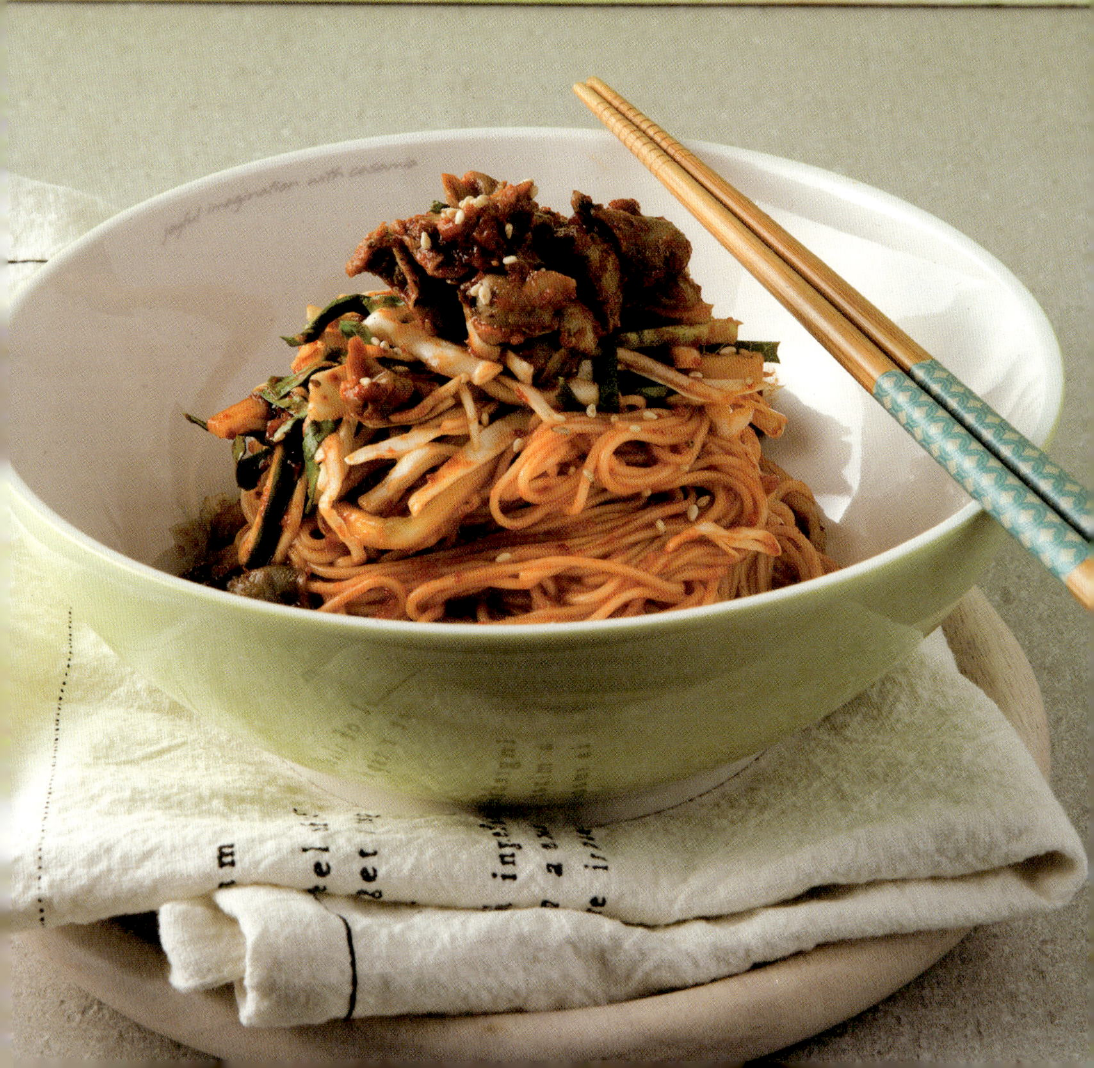

재료(2인분)

- 골뱅이 통조림 1개(140g)
- 오이 1/2개
- 양파 1/4개
- 양배추 3장
- 깻잎 4장
- 통깨 조금
- 소면 200g
- 양념장
  고추장·고춧가루 2큰술씩
  식초 2큰술
  설탕 2작은술
  청주·다진 마늘 1큰술씩
  참기름 1작은술

만드는 방법

1. **채소 썰기**
   오이와 양파, 양배추, 깻잎은 깨끗이 씻어 채 썬다.

2. **골뱅이 준비하기**
   골뱅이는 체에 밭쳐 물기를 빼고 먹기 좋은 크기로 썬다.

3. **양념장 준비하기**
   양념장 재료를 잘 섞는다.

4. **소면 비비기**
   소면을 삶아서 찬물에 헹궈 건진 뒤 양념장을 반 덜어 비빈다.

5. **골뱅이 양념하기**
   채 썬 채소와 골뱅이를 나머지 양념으로 버무린 뒤 소면과 함께 그릇에 담고 통깨를 솔솔 뿌린다.

Tip.

+ 개봉한 골뱅이 통조림은 캔에 담긴 채로 두면 산패하기 쉬워요. 캔에서 꺼내어 국물과 함께 밀폐용기에 담아 냉장 보관하세요.

Cooking Recipe

통오징어구이

오징어에 칼집을 내 굽기만 하면 되는 초간단 술안주예요.
매콤한 청양고추 소스를 곁들이면 오징어구이를 더 맛있게 즐길 수 있어요.

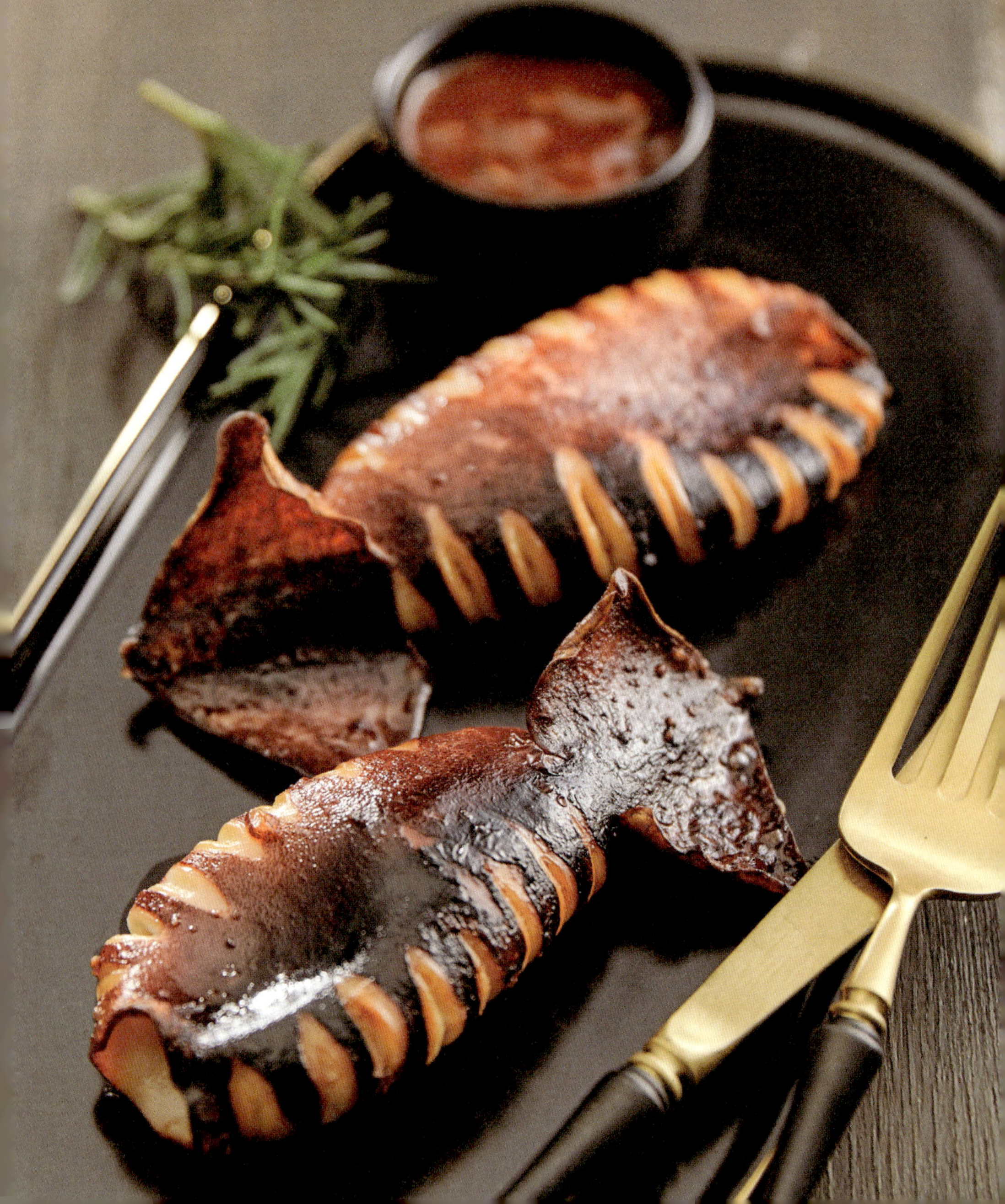

재료 _____

- 오징어 1마리
- 식용유 조금
- 청양고추 소스
  청양고추 1개
  고추장 2큰술
  마요네즈 2큰술
  설탕 1작은술

만드는 방법 _____

1. **오징어 손질하기**
   오징어는 통으로 준비해 내장과 껍질을 제거한 뒤 몸통 양쪽으로 1cm 간격의 칼집을 낸다.

2. **에어프라이어에 굽기**
   종이포일 위에 오징어를 올리고 식용유를 바른 뒤 200℃에서 10분 굽고 뒤집어 10분 더 굽는다.

3. **접시에 담기**
   접시에 구운 오징어를 담고 청양고추 소스를 곁들인다.

Tip. _____
+ 고추장 대신 고추냉이를 섞어도 좋고, 오징어에 고추장 양념장을 발라서 구워도 좋아요.
+ 남은 오징어 다리는 오징어튀김을 만들어보세요.

오징어튀김

Cooking Recipe

에어프라이어로 오징어튀김을 하면 적은 기름으로 바삭하고 담백하게 만들 수 있어요.
알싸한 고추냉이 마요 소스가 튀김의 느끼한 맛을 잡아줘요.

재료

- 오징어 1마리
- 튀김옷
  튀김가루 2큰술
  달걀 2개
  빵가루 1/2컵
  파슬리가루 조금
  소금·후춧가루 조금씩
- 식용유 조금
- 고추냉이 마요 소스
  생고추냉이 1작은술
  마요네즈 2큰술
  간장 1큰술
  설탕 1작은술
  다진 마늘 1/2큰술

만드는 방법

1. **오징어 손질하기**
   오징어는 깨끗이 손질한 뒤 펼쳐놓고 길게 2cm 크기로 자른다.

2. **튀김옷 준비하기**
   달걀은 곱게 풀고, 튀김가루는 넓은 그릇에 담고, 빵가루와 파슬리가루도 섞어서 넓은 그릇에 담는다.

3. **튀김옷 입히기**
   길게 자른 오징어에 튀김가루를 묻히고, 달걀물에 담갔다가, 빵가루와 파슬리가루 섞은 가루에 묻혀서 꼭꼭 누른다.

4. **에어프라이어에 굽기**
   종이포일 위에 오징어를 올리고 식용유를 뿌린 뒤 180℃에서 8분간 굽고 뒤집어서 2분 더 굽는다.

Tip.
+ 고추냉이 마요 소스 대신 타르타르 소스를 곁들여 아이들 간식으로 준비해도 좋아요.

Cooking Recipe

황태튀김

황태를 물에 담가 부드럽게 불린 뒤 바삭한 튀김옷을 입혀 튀겼어요.
매콤한 청양고추 마요 소스에 찍어 먹으면 황태의 짠맛이 중화되고 고소한 맛이 더해져요.

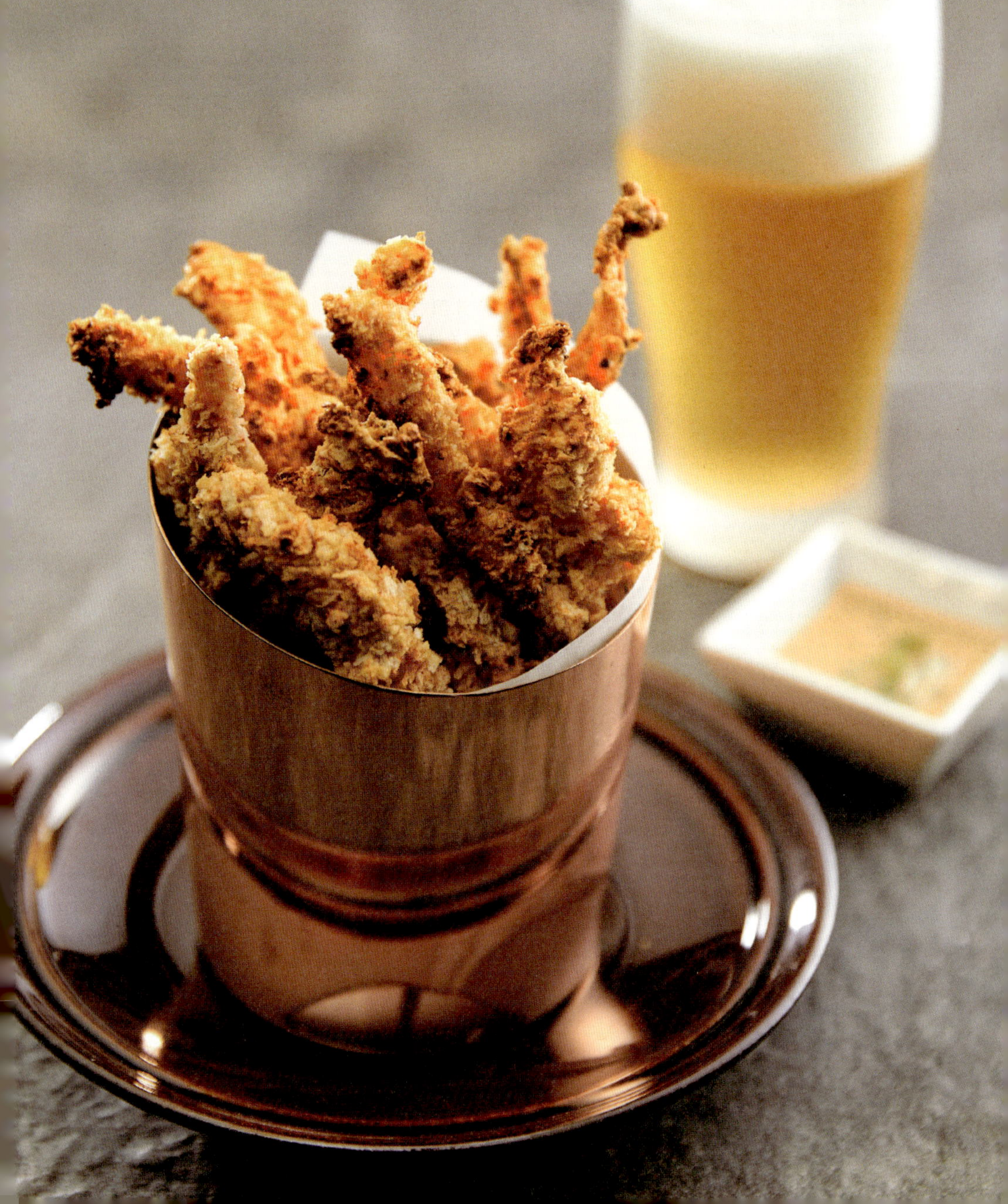

재료

- 황태채 300g
- 튀김옷
  튀김가루 2큰술
  고춧가루 1큰술
  달걀 2개
  빵가루 1/2컵
- 식용유 적당량
- 청양 마요 소스
  다진 청양고추 1큰술
  마요네즈 2큰술
  간장 1큰술
  다진 마늘 1/2큰술
  설탕 1작은술

만드는 방법

1. **황태채 물에 불리기**
   마른 황태채는 물에 잠깐 담가 불린 뒤 종이타월로 눌러 물기를 닦는다.

2. **황태채에 가루 입히기**
   튀김가루와 고춧가루를 비닐백에 넣고 잘 섞은 뒤 황태채를 넣고 흔들어준다.

3. **달걀물·빵가루 입히기**
   달걀을 곱게 푼 뒤 황태채에 달걀물을 입히고, 다시 빵가루를 입힌다.

4. **기름에 튀기기**
   170℃로 끓는 기름에 튀김옷 입힌 황태채를 잠깐 넣었다가 건져 살짝만 튀긴다.

Tip.

+ 튀기는 게 번거롭다면 에어프라이어에 황태채만 구워도 맛있어요. 불려서 물기를 꼭 짠 황태채에 식용유를 묻힌 다음 에어프라이어 150℃에서 앞뒤로 각각 5분씩 구우세요. 온도가 너무 높으면 딱딱해지면서 탈 수 있으니 주의하세요.

모차렐라 치즈스틱

패스트푸드 점에서 맛볼 수 있는 치즈스틱, 집에서 만들기 어렵지 않아요.
느끼함을 줄이고 고소함을 살린 홈메이드 치즈스틱은 맥주 안주로 준비하면 환영받는답니다.

재료

- 스트링 치즈 6개
- 핫도그 반죽
  - 핫케이크 믹스 100g
  - 우유 20mL
  - 달걀 1개
- 빵가루 1컵
- 꼬치 12개
- 식용유 조금

만드는 방법

1. 핫도그 반죽 만들기
달걀을 곱게 풀어 우유와 섞은 뒤 핫케이크 믹스를 넣고 반죽한다.

2. 꼬치에 치즈 꽂기
스트링 치즈를 반으로 잘라 꼬치에 꽂는다.

3. 핫도그 반죽 입히기
치즈 꼬치를 ①에 굴려 반죽을 입힌 뒤 빵가루를 묻힌다.

4. 기름에 튀기기
170℃의 기름에 튀김옷 입힌 치즈 꼬치를 넣고 잠깐 튀긴다.

Tip.
+ 치즈스틱은 굽는 과정에서 치즈가 흘러나오지 않게 하는 것이 중요해요. 핫도그 반죽을 입힐 때 치즈가 보이지 않도록 반죽으로 완전히 감싸고 빵가루를 입힐 때 손으로 지그시 감싸서 단단하게 뭉쳐주세요.
+ 기름에 튀기는 대신 치즈스틱에 식용유를 골고루 뿌린 뒤 180℃의 에어프라이어에 12분간 구우면 간편해요.

Cooking Recipe

블루밍 어니언

패밀리 레스토랑에서 맛본 블루밍 어니언을 집에서 만들어보세요.
튀김옷 입히는 과정이 조금 번거롭지만, 하나씩 떼어서 먹는 재미가 있는 술안주입니다.

재료

- 양파(큰 것) 1개
- 튀김옷
  튀김가루 1컵
  파르메산 치즈가루 2큰술
  파슬리가루 조금
  소금·후춧가루 조금씩
  달걀 2개
  우유 1/4컵
  빵가루 1컵
- 식용유 조금
- 딥 소스
  마요네즈 2큰술
  올리고당 1/2큰술
  식초 1/2큰술
  다진 마늘 1작은술
  파르메산 치즈가루 1큰술
  후춧가루 조금

만드는 방법

1 **양파 16등분하기**
  양파는 위아래를 쳐낸 뒤 밑부분을 1.5cm 정도 남기고 여러 번 칼집을 내 16등분한다.

2 **찬물에 담가 꽃 피우기**
  찬물에 30분 담가 양파가 꽃처럼 벌어지면 종이타월로 물기를 없앤다.

3 **가루재료 뿌리기**
  튀김가루·파르메산 치즈가루·파슬리가루·소금·후춧가루를 섞은 뒤 고운체를 이용해 양파 속까지 고루 뿌린다.

4 **튀김옷 입히기**
  달걀 푼 물에 우유를 섞은 뒤 양파를 담가 달걀물을 입히고, 다시 빵가루를 뿌린다.

5 **에어프라이어에 굽기**
  종이포일 위에 양파를 올리고 식용유를 뿌린 뒤 180℃의 에어프라이어에서 10분 정도 굽는다.

Tip.

+ 양파 밑동을 남기고 위를 잘라야 모양내기가 쉬워요.
+ 풍성하고 도톰한 블루밍 어니언을 만들고 싶다면 튀김옷 입히는 과정을 2~3번 반복하세요.
+ 높은 온도로 구우면 타기 쉬우니 온도와 시간을 꼭 체크하세요.

콘 치즈 그라탱

마카로니에 베이컨과 옥수수, 크림소스를 섞어 구운 고소한 그라탱은 간식처럼 준비하는 술안주입니다. 수저로 떠먹으면 다양한 식감이 입을 즐겁게 해요.

재료

- 마카로니 1컵
- 베이컨 100g
- 옥수수 통조림 1캔(300g)
- 소금·후춧가루 조금씩
- 크림소스
  버터 2큰술
  밀가루 1큰술
  우유 1컵
  체더치즈 3장

만드는 방법

1. 마카로니 삶기
끓는 물에 소금을 조금 넣고 마카로니를 7분 정도 삶아 체에 건진다.

2. 베이컨·옥수수 통조림 준비하기
베이컨은 0.5cm 크기로 잘게 썰고, 옥수수 통조림은 체에 거른다.

3. 베이컨 굽기
달군 팬에 베이컨을 넣고 앞뒤로 구운 뒤 종이타월로 눌러 기름기를 제거한다.

4. 크림소스 만들기
달군 팬에 버터를 녹인 뒤 밀가루를 넣고 볶다가 우유를 넣고 잘 섞는다. 여기에 체더치즈를 넣어서 녹인다.

5. 에어프라이어에 굽기
내열용기에 크림소스, 마카로니, 옥수수, 베이컨을 넣고 후춧가루를 뿌린 뒤 180℃에서 15분간 굽는다.

Tip.

+ 버터로 볶은 밀가루에 우유를 섞어서 만든 화이트소스를 '루'라고 해요. 루를 만들 때 잘못하면 멍울이 생기기 쉬운데, 이럴 때는 체에 한 번 걸러주세요. 루가 곱고 깔끔하게 만들어져요.

Cooking Recipe

케이준 웨지감자

대표적인 맥주 안주 웨지감자에 케이준 시즈닝을 뿌려 다양한 맛과 향을 입혔어요.
시판 케이준 시즈닝을 써도 되지만 직접 만들어 더 맛있는 웨지감자가 되었어요.

재료

- 감자(큰 것) 2개
- 케이준 시즈닝
  파프리카 가루 2큰술
  마늘가루 1큰술
  양파가루 1큰술
  오레가노 가루 1큰술
  타임 가루 1작은술
  카이엔 페퍼 1큰술
  구운 소금 1큰술
  후춧가루 조금

만드는 방법

1. **감자 손질하기**
   감자는 깨끗이 씻어 껍질째 웨지 모양으로 썬 뒤 찬물에 5분 정도 담갔다가 체에 밭쳐 물기를 뺀다.

2. **감자 애벌 굽기**
   180℃로 예열한 에어프라이어에 감자를 넣고 10분간 굽는다.

3. **케이준 시즈닝 뿌려 굽기**
   구운 감자에 케이준 시즈닝을 뿌린 뒤 에어프라이어 180℃에서 7분 정도 굽고 뒤집어서 3분 더 굽는다.

Tip.

+ 케이준 시즈닝은 감자가 뜨거울 때 뿌려야 잘 달라붙어요.
+ 남은 케이준 시즈닝은 밀폐용기에 담아 보관했다가 사용하세요.

Part 2.

부담 없이 한잔, 가벼운 안주

Cooking Recipe

파르메산 치즈 감자스틱

바삭하게 구운 감자에 파르메산 치즈를 뿌려 감칠맛과 향을 더했어요.
한 김 식혀 시원한 맥주와 함께 내면 완벽한 안주가 됩니다.

재료

- 감자(큰 것) 2개
- 소금·후춧가루 조금씩
- 올리브오일 2큰술
- 파슬리가루 조금
- 파르메산 치즈가루 2큰술

만드는 방법

1. 감자 채 썰기
감자는 껍질을 벗기고 채 썬 뒤 찬물에 담갔다가 건져 물기를 뺀다.

2. 감자 밑간하기
감자에 소금, 후춧가루, 파슬리가루, 올리브오일을 뿌려 골고루 버무린다.

3. 에어프라이어에 굽기
종이포일 위에 감자채를 올리고 180℃에서 15분간 굽고 뒤집어서 5분 더 굽는다.

4. 치즈가루 뿌리기
접시에 구운 감자채를 담고 파르메산 치즈가루를 뿌린다.

Tip.

+ 껍질째 손질해 웨지감자를 만들어도 좋아요.
+ 파르메산 치즈가루 대신 새콤한 맛이 나는 사워크림을 곁들여 찍어 먹어도 맛있어요.

Cooking Recipe

시나몬 고구마스틱

시나몬 슈거를 입혀 달콤함을 더한 시나몬 고구마스틱이에요.
바삭한 고구마스틱은 가볍게 즐기기 좋은 간식이자 안주입니다.

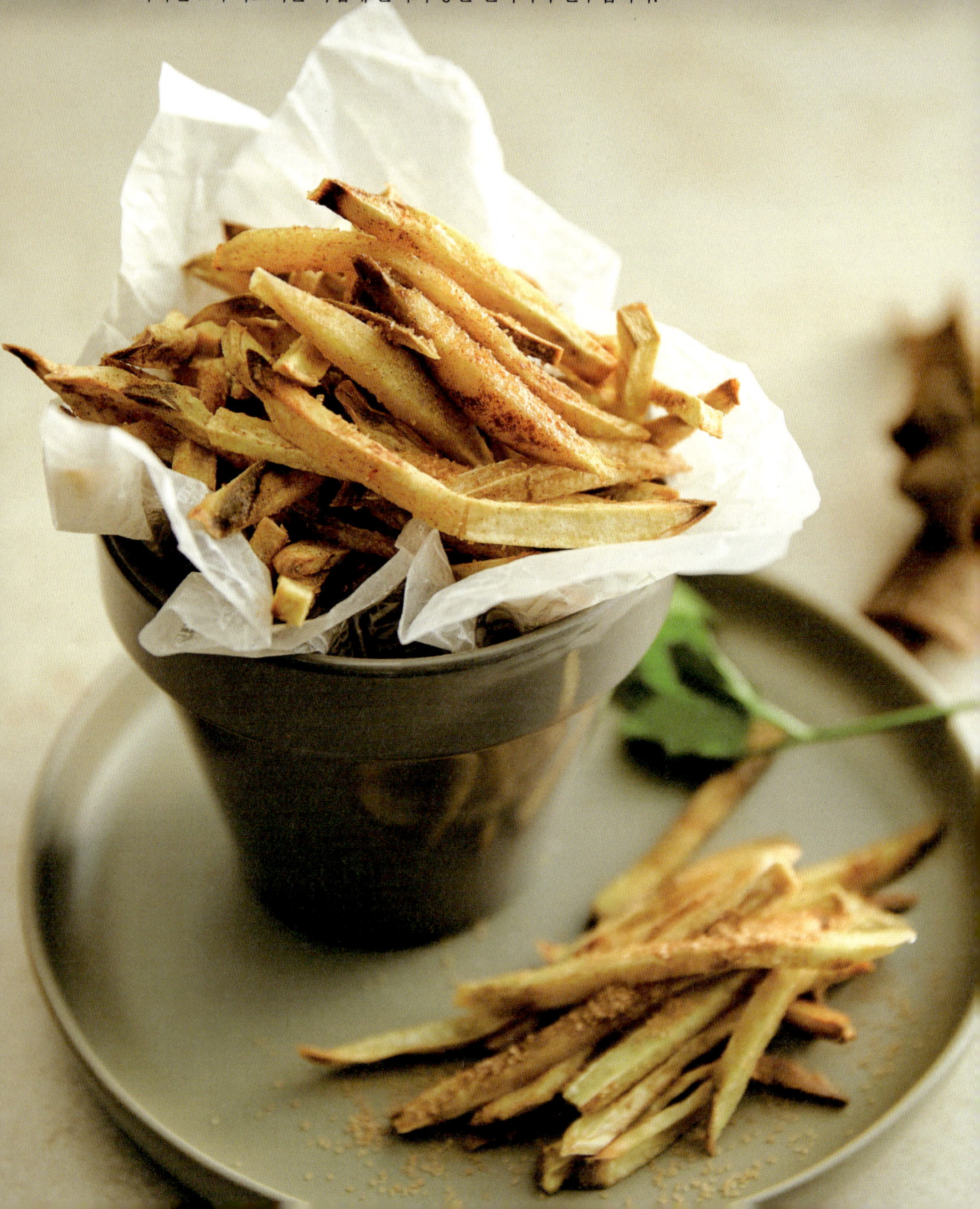

재료

- 고구마 2개
- 시나몬 슈거
  설탕 2큰술
  계핏가루 1작은술
- 식용유 조금

만드는 방법

1. **고구마 채 썰기**
   고구마는 껍질을 벗겨 0.5cm 굵기로 채 썬다.

2. **찬물에 담가 전분기 빼기**
   채 썬 고구마는 찬물에 담가 전분기를 뺀 다음 물기를 없앤다.

3. **식용유에 버무려 굽기**
   고구마를 식용유에 버무려 180℃의 에어프라이어에 12분간 굽는다.

4. **시나몬 슈거 뿌리기**
   구운 고구마스틱을 접시에 담고 위에 시나몬 슈거를 뿌린다.

Tip.

+ 고구마스틱이 식기 전에 시나몬 슈거를 뿌려야 골고루 묻어요.
+ 비닐백에 고구마스틱과 시나몬 슈거를 넣고 흔들면 쉽게 묻힐 수 있어요.

Cooking Recipe

감자 팬케이크

채 썬 감자를 베이컨, 피자 치즈와 버무려 노릇하게 구웠어요. 바삭하면서도 쫀득한 감자 팬케이크는 젓가락이나 포크로 떼어먹는 재미도 있답니다.

재료

- 감자(큰 것) 1개
- 베이컨 2줄
- 피자 치즈 1/2컵
- 감자전분 1큰술
- 올리브오일 2큰술
- 소금 조금
- 파슬리가루 조금

만드는 방법

1. 감자·베이컨 썰기

감자는 아주 가늘게 채 썰어 소금을 조금 뿌린다. 베이컨도 비슷하게 채 썬다.

2. 재료 섞기

감자채, 베이컨, 피자 치즈, 감자전분, 올리브오일을 골고루 섞는다.

3. 에어프라이어에 굽기

종이포일에 ②를 펼쳐 올려 180℃의 에어프라이어에서 10분간 굽고 뒤집어서 5분간 굽는다.

Tip.

+ 감자채를 에어프라이어에 안칠 때 두툼하게 겹쳐 놓으면 속까지 골고루 익지 않으니 주의하세요.
+ 에어프라이어 대신 프라이팬에 부쳐 먹어도 맛있어요. 이때 녹말가루와 물을 2큰술 정도씩 섞어 반죽해야 모양이 잘 잡혀요.

Cooking Recipe

텍스멕스 해시브라운

매콤한 멕시칸 시즈닝을 뿌린 색다른 해시브라운이에요. 감자를 깍둑썰기해서
채소와 함께 구운 다음 멕시칸 시즈닝으로 버무리고 상큼한 요구르트 드레싱을 곁들이세요.

재료

- 감자(큰 것) 1개
- 빨강 파프리카 1/2개
- 양파 1/2개
- 청양고추 1개
- 올리브오일 1큰술
- 핫 멕시칸 시즈닝 1큰술
- 소금·후춧가루 조금씩
- 요구르트 드레싱
  플레인 요구르트 2큰술
  레몬즙 1큰술
  꿀 1큰술
  다진 양파 1작은술
  다진 마늘 1작은술

만드는 방법

1. 감자 썰어 물에 담그기
감자는 껍질을 벗기고 2cm 크기로 깍둑썰기한 뒤 찬물에 20분가량 담갔다가 건진다.

2. 파프리카·양파·청양고추 썰기
파프리카와 양파는 가로세로 2cm 크기로 썰고 청양고추도 비슷한 크기로 자른다.

3. 감자 애벌 굽기
감자를 올리브오일에 버무린 뒤 오븐이나 에어프라이어에 넣고 180℃에서 15분간 굽는다.

4. 양념해서 굽기
③에 준비한 채소를 섞고 핫 멕시칸 시즈닝, 소금, 후춧가루를 뿌려서 다시 한번 섞은 다음 다시 180℃ 온도에서 10분 굽고 뒤집어서 5분 더 굽는다.

Tip.

+ 핫 멕시칸 시즈닝이 없을 때는 허브 솔트를 넣고 구우세요.
+ 감자와 양파, 파프리카를 함께 구우면 양파와 파프리카가 금방 탈 수 있으니 꼭 감자를 먼저 애벌구이하세요.

Cooking Recipe

꽈리고추 소시지구이

꽈리고추를 밑간한 뒤 소시지와 함께 꼬치에 꿰어 에어프라이어에 구웠어요.
매콤하고 짭짤한 맛이 좋아 어느 술과도 잘 어울려요.

재료

- 꽈리고추 10개
- 프랑크소시지 5개
- 소금·후춧가루 조금씩
- 올리브오일 조금
- 나무 꼬치 5개

만드는 방법

1. **꽈리고추 씻기**
   꽈리고추는 꼭지를 떼고 물에 씻어 물기를 뺀 뒤 소금·후춧가루로 밑간한다.

2. **소시지에 칼집 넣기**
   프랑크소시지는 반 잘라 앞뒤로 어슷하게 칼집을 낸다.

3. **꼬치에 꿰기**
   소시지와 꽈리고추를 꼬치에 번갈아 꿴 뒤 앞뒤로 올리브오일을 바른다.

4. **굽기**
   내열용기에 담아 오븐이나 에어프라이어 200℃에서 10분간 굽는다.

Tip.

+ 나무 꼬치는 물에 충분히 담갔다 사용해야 타지 않아요.
+ 꽈리고추는 소금·후춧가루로 밑간을 해야 간이 잘 배어서 더 맛있어요.

Cooking Recipe

파르메산 치즈 옥수수구이

옥수수는 그냥 먹어도 맛있지만 조금만 맛을 더하면 손님상 술안주로 손색이 없어요.
고소한 치즈가루와 매콤한 칠리파우더를 듬뿍 뿌려 그럴듯한 요리가 탄생했어요.

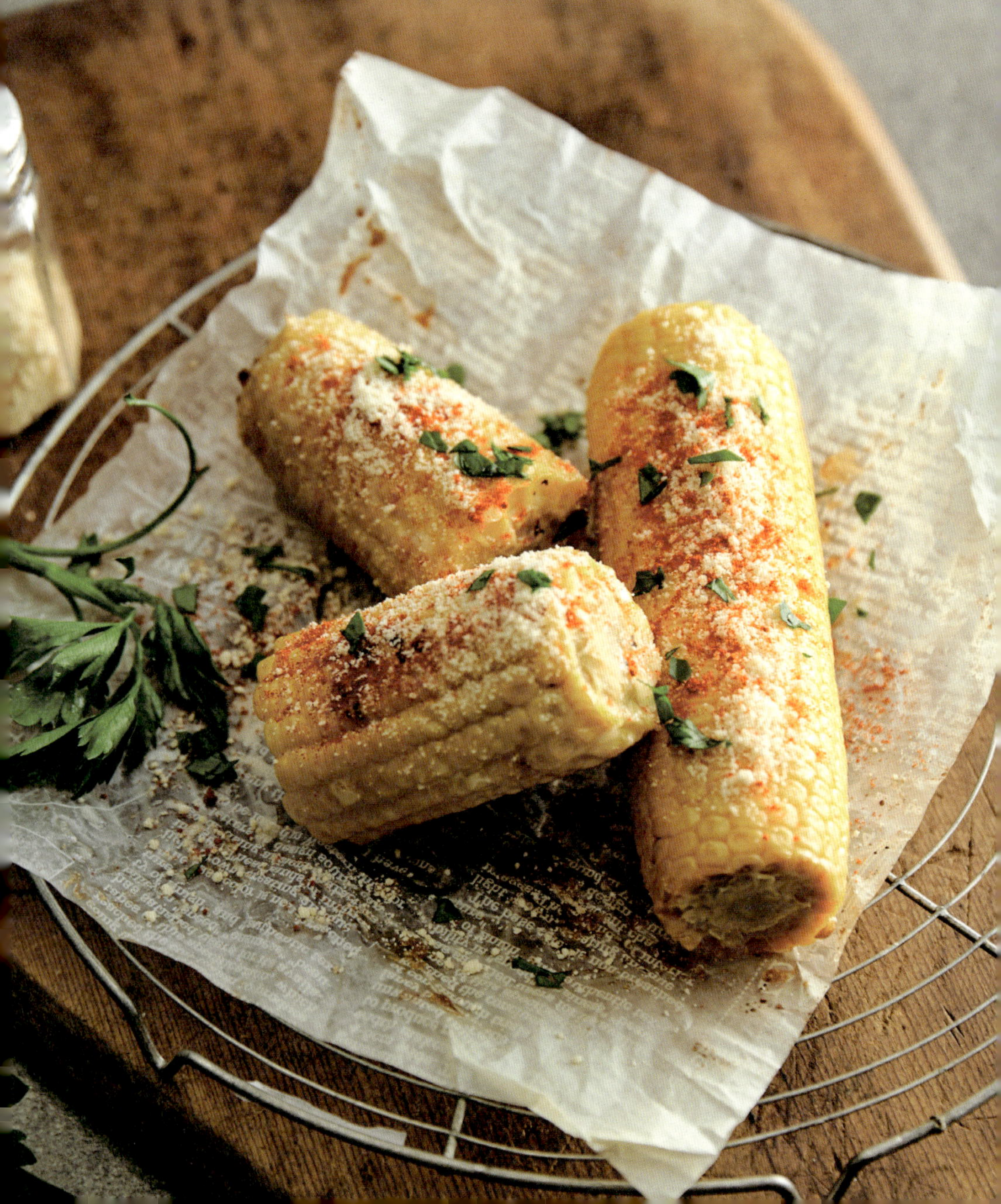

재료

- 삶은 옥수수 2개
- 파르메산 치즈가루 4큰술
- 파슬리가루 조금
- 칠리파우더 조금
- 소스
  설탕 3큰술
  마요네즈 2큰술
  녹인 버터 2큰술

만드는 방법

1. **소스 만들기**
   설탕, 버터, 마요네즈를 섞어 소스를 만든다.

2. **옥수수에 소스 바르기**
   실리콘 붓으로 소스를 골고루 바른다.

3. **굽기**
   오븐이나 에어프라이어 온도를 180℃로 맞추어 10분 굽고 뒤집어서 10분 굽는다.

4. **치즈가루 뿌리기**
   구운 옥수수에 파르메산 치즈가루, 파슬리가루, 칠리파우더를 뿌린다.

Tip.

+ 옥수수를 삶을 때는 설탕과 소금을 조금 넣어야 감칠맛이 나요.
+ 칠리파우더를 빼고 아이들 간식으로 준비해도 좋아요.

Cooking Recipe

미니 핫도그

출출한 속을 달래주는 술안주 겸 간식이에요. 손이 많이 가는 튀김옷 반죽 대신
식빵으로 소시지를 감싸 맛도 모양도 그럴듯한 스피드 술안주가 되었어요.

재료

- 비엔나소시지 10개
- 식빵 5장
- 달걀 2개
- 우유 2큰술
- 빵가루 1컵
- 파슬리가루 조금
- 식용유 조금

만드는 방법

1. 식빵 잘라 밀기
식빵은 테두리를 잘라내고 반 자른 다음 밀대로 민다.

2. 달걀물에 우유 섞기
달걀을 곱게 푼 뒤 우유를 넣고 잘 섞는다.

3. 식빵으로 소시지 말기
식빵에 비엔나소시지를 올려놓고 돌돌 말아 꼬치로 고정시킨다.

4. 달걀물·빵가루 입히기
③을 달걀물에 담갔다가 빵가루를 묻힌다.

5. 기름에 튀기기
우묵한 팬에 기름을 붓고 160℃ 온도에서 살짝 튀긴다.

Tip.
+ 식빵 대신 핫케이크 반죽을 입히면 오리지널 핫도그의 맛을 느낄 수 있어요.
+ 기름에 튀기는 대신 에어프라이어에 구워도 좋아요. 종이포일 위에 핫도그를 올리고 식용유를 뿌린 뒤 180℃의 에어프라이어에 10분간 구우면 됩니다.

Cooking Recipe

치즈 떡꼬치

떡볶이 떡과 구워 먹는 치즈를 번갈아 꼬치에 꿴 뒤 매콤달콤한 소스를 발라 구웠어요.
쫀득쫀득 씹는 재미와 꼬치 빼먹는 재미가 있는 술안주가 돼요.

재료

- 떡볶이 떡 10개
- 구워 먹는 치즈 120g
- 꼬치 4개
- 소스
  토마토케첩 2큰술
  고추장 1큰술
  올리고당 2큰술
  다진 마늘 1작은술

만드는 방법

1. 치즈 썰기
떡볶이 떡과 구워 먹는 치즈는 먹기 좋은 크기로 자른다.

2. 꼬치에 꿰기
꼬치에 떡볶이 떡과 치즈를 번갈아 꽂아 떡꼬치를 만든다.

3. 소스 발라가며 굽기
종이포일 위에 떡꼬치를 올리고 소스를 발라 오븐이나 에어프라이어 180℃에서 5분 정도 굽는다. 뒤집어서 다시 소스를 발라 5분 더 굽는다.

Tip.
+ 아이들 간식으로 만들 땐 고추장의 양을 줄여 매운맛을 줄이세요.
+ 소스에 견과류를 다져서 섞으면 더욱 고소하고 맛있어요.

Cooking Recipe

칠리 팝만두

냉동 만두를 에어프라이어에서 바삭하게 구워 칠리소스에 버무리기만 하면 되는 정말 쉬운 메뉴예요. 빠르고 간단한 안주가 필요할 때 만들어보세요.

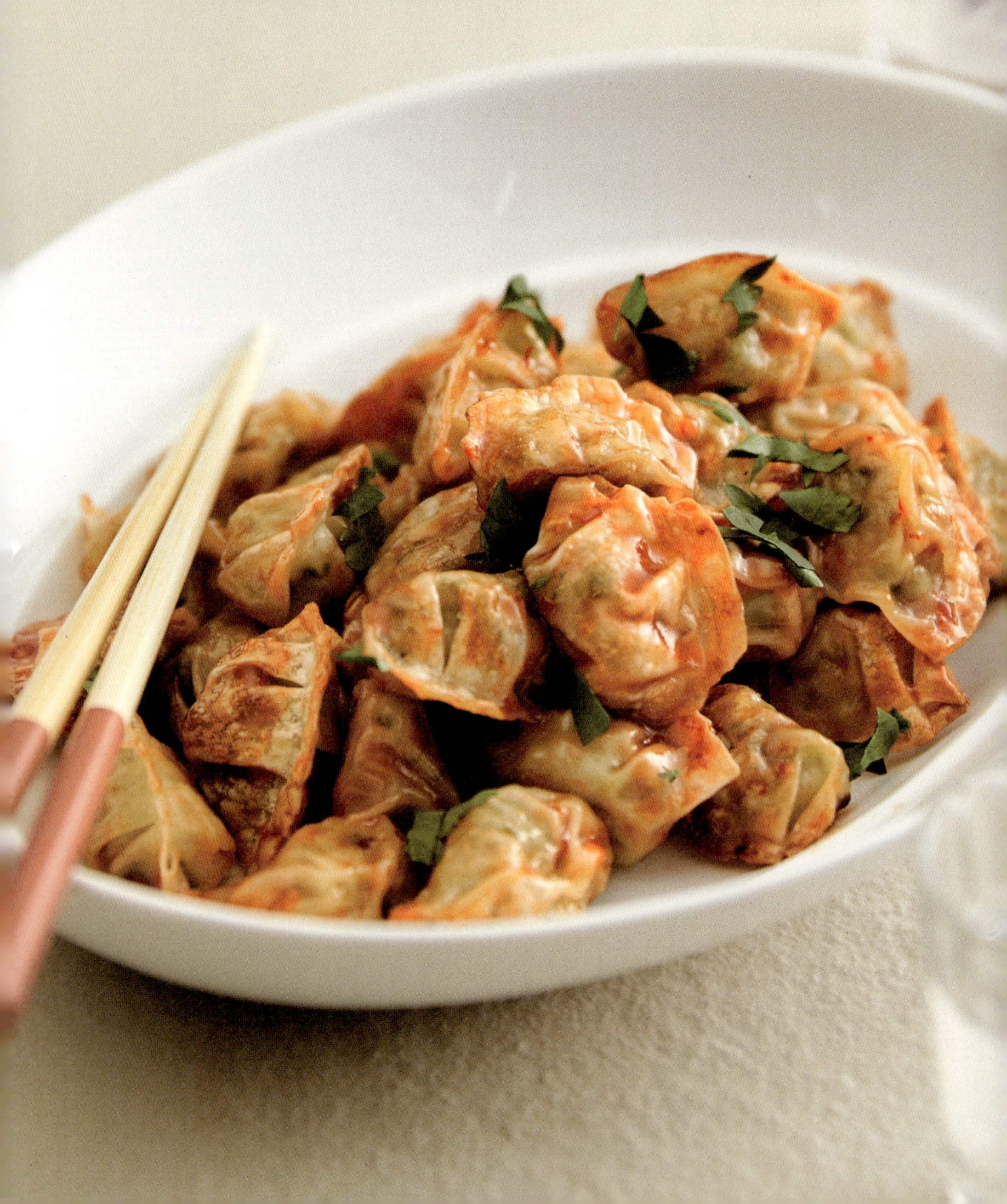

재료

- 냉동 물만두 20개
- 식용유 2큰술
- 칠리소스 5큰술

만드는 방법

1. 물만두에 식용유 뿌리기
냉동 물만두에 식용유를 골고루 뿌린다.

2. 에어프라이어에 튀기기
에어프라이어 180℃에서 중간중간 섞어가며 15분간 튀긴다.

3. 칠리소스로 버무리기
튀긴 만두에 칠리소스를 넣어 버무린 뒤 접시에 담는다.

Tip.

+ 맛에 변화를 주고 싶다면 스리라차 칠리소스로 버무려보세요. 매콤달콤하면서 산뜻한 맛이 매력 있어요.

이탈리안 감자구이

고소한 아보카도 오일, 향긋한 허브와 마늘 향이 밴 이탈리안 스타일의 감자구이예요.
새콤한 사워크림을 곁들이면 촉촉하고 부드럽게 즐길 수 있어요.

재료

- 감자 5개
- 아보카도 오일 1큰술
- 다진 마늘 1작은술
- 이탈리안 파슬리 조금
- 소금·후춧가루 조금씩
- 사워크림 3큰술

만드는 방법

1. **감자 썰기**
   감자는 껍질째 깨끗이 손질해 한입 크기로 자른다.

2. **오일에 버무리기**
   감자와 아보카도 오일, 다진 마늘, 이탈리안 파슬리, 소금·후춧가루를 한데 넣고 골고루 버무린다.

3. **에어프라이어에 굽기**
   에어프라이어에 종이포일을 깔고 감자를 넣은 뒤 180℃에서 30분 정도 굽는다.

4. **사워크림과 함께 내기**
   접시에 담아 사워크림과 함께 내서 찍어 먹는다.

Tip.
+ 사워크림 대신 그릭 요구르트를 곁들여도 좋아요.

Cooking Recipe

감자 크로켓

각종 채소를 넣고 바삭하게 구운 감자 크로켓은 한 개씩 집어 먹기도 좋고 속도 든든한 술안주입니다. 에어프라이어를 사용하면 기름 낭비 없이 간편하게 만들 수 있어요.

재료

- 감자(큰 것) 2개
- 양파 1/4개
- 당근 1/4개
- 피망 1/4개
- 애호박 1/8개
- 소금·후춧가루 조금씩
- 튀김옷
  달걀 2개
  빵가루 1컵
- 식용유 조금

만드는 방법

1. 감자 으깨서 양념하기
감자를 푹 삶아 뜨거울 때 으깬 다음 소금·후춧가루로 양념한다.

2. 채소 다져서 섞기
양파, 애호박, 당근, 피망을 곱게 다져서 으깬 감자와 섞은 뒤 동그란 모양으로 빚는다.

3. 튀김옷 입히기
볼에 달걀을 푼 다음, 동글게 빚은 감자 반죽에 달걀물, 빵가루를 입힌다.

4. 에어프라이어에 굽기
종이포일을 깔고 감자 크로켓을 올린 뒤 식용유를 뿌려 180℃에서 10분, 뒤집어서 10분 굽는다.

Tip.
+ 감자는 껍질을 벗기고 적당히 토막 내서 삶아야 빨리 삶을 수 있어요.
+ 채소는 잘게 다져야 반죽이 흐트러지지 않아요.

Part 3.

술은 거들 뿐, 밥이 되는 안주

Cooking Recipe

감자 그라탱

감자를 얇게 슬라이스해서 오븐에 구운 감자 그라탱은 식사를 겸할 수 있는 술안주입니다. 생크림과 파르메산 치즈가루로 맛을 내 풍미가 아주 좋아요.

재료

- 감자(큰 것) 1개
- 생크림 소스
  양파 1/2개
  생크림 1컵
  올리브오일 1큰술
  소금 1작은술
- 파르메산 치즈가루 1/2컵
- 파슬리가루 조금

만드는 방법

1. 감자·양파 썰기
감자는 얇게 슬라이스한 뒤 찬물에 담가 전분기를 뺀다. 양파는 채 썬다.

2. 생크림 소스 만들기
생크림에 채 썬 양파, 올리브오일, 소금을 넣고 끓이다가 가장자리가 끓어오르면 불을 끈다.

3. 용기에 담아 익히기
내열용기에 감자와 ②의 생크림 소스를 담고 파르메산 치즈가루를 뿌린 다음 180℃의 오븐이나 에어프라이어에 40분간 익힌다.

Tip.
+ 얇게 저민 감자를 살짝 데쳐서 구우면 맛이 더 부드럽고 조리시간도 줄일 수 있어요.

Cooking Recipe

하와이안 무스비

스팸으로 만드는 색다른 안주. 보기도 좋고 만드는 법도 간단해요.
캔을 이용해 손쉽게 모양을 만들고 팬에 구우면 맛이 좋아진답니다.

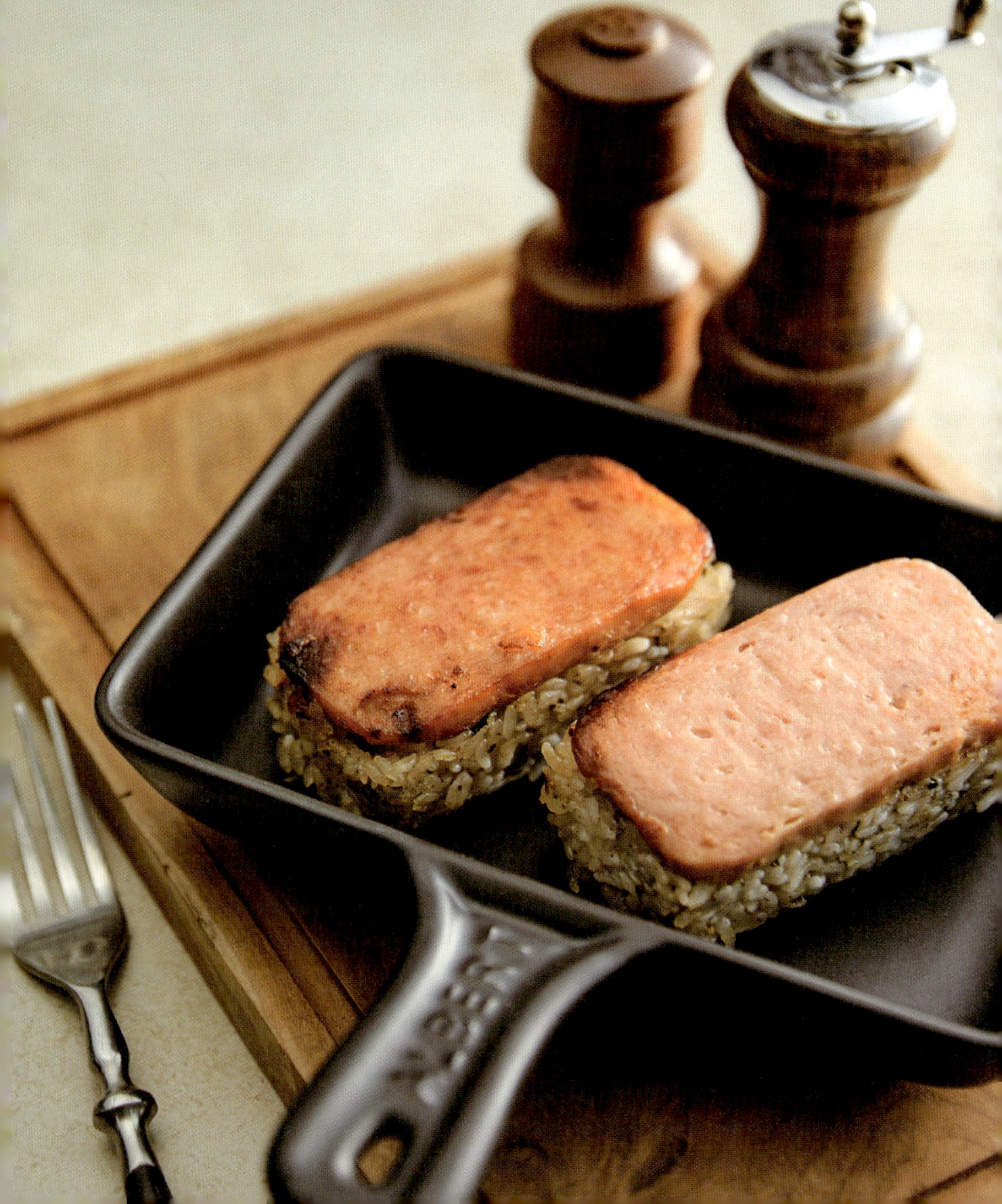

재료

- 밥 1공기
- 후리가케 1큰술
- 스팸 100g
- 불고기 양념장 2큰술
- 마요네즈 소스
  마요네즈 1큰술
  설탕 1/2큰술
- 참기름 조금
- 식용유 조금

만드는 방법

1. **스팸 양념하기**
   스팸은 1cm 두께로 슬라이스해서 불고기 양념에 잰다.

2. **밥에 후리가케 섞기**
   밥에 후리가케와 참기름을 넣어 비빈다.

3. **무스비 만들기**
   스팸 캔에 랩이나 알루미늄포일을 깔고 밥을 눌러 담은 뒤 마요네즈 소스를 바른다. 그 위에 스팸을 올리고 눌러서 모양을 잡는다.

4. **팬에 굽기**
   랩을 들어올려 무스비를 꺼낸 뒤 달군 팬에 기름을 조금 두르고 앞뒤로 노릇하게 굽는다.

Tip.
+ 스팸 대신 달걀지단을 두툼하게 부쳐서 올려도 맛있어요.
+ 달걀지단이나 김을 잘라서 띠를 둘러 장식해보세요.

Cooking Recipe

구운 채소 크로켓밥

다양한 채소를 잘게 다져 넣고 주먹밥을 만든 후 빵가루를 묻혀 바삭하게 크로켓처럼 만들었어요. 속도 든든하고 채소를 골고루 먹을 수 있어 좋은 안주예요.

재료 _____

- 밥 1공기
- 양파 1/4개
- 청피망 1/4개
- 홍피망 1/4개
- 후리가케 2큰술
- 참기름 조금
- 빵가루 2큰술
- 식용유 조금

만드는 방법 _____

1. **채소 다져서 굽기**
   양파와 피망은 잘게 다져 기름 두른 팬에 살짝 볶는다.

2. **밥 양념하기**
   밥에 후리가케와 참기름을 넣어 비빈 뒤 볶은 채소를 넣고 골고루 섞는다.

3. **모양 만들어 빵가루 입히기**
   양념한 밥을 삼각형 모양으로 단단하게 뭉친 뒤 빵가루를 묻혀 꾹꾹 누른다.

4. **에어프라이어에 굽기**
   에어프라이어에 종이포일을 깔고 크로켓밥을 올린 뒤 식용유를 뿌려 180℃에서 10분간 굽는다.

Tip. _____
+ 밥 속에 볶은 김치나 마요네즈에 버무린 참치를 넣고 감싸주어도 좋아요.
+ 삼각김밥용 틀이 있다면 모양 잡기가 한결 쉬워요.

Cooking Recipe

치즈 김치볶음밥

한국인이라면 누구나 좋아하는 김치볶음밥이에요. 잘 익은 김치와 짭짤한 베이컨을 밥에 섞고 고소한 치즈와 버터를 올려 풍미를 더했어요.

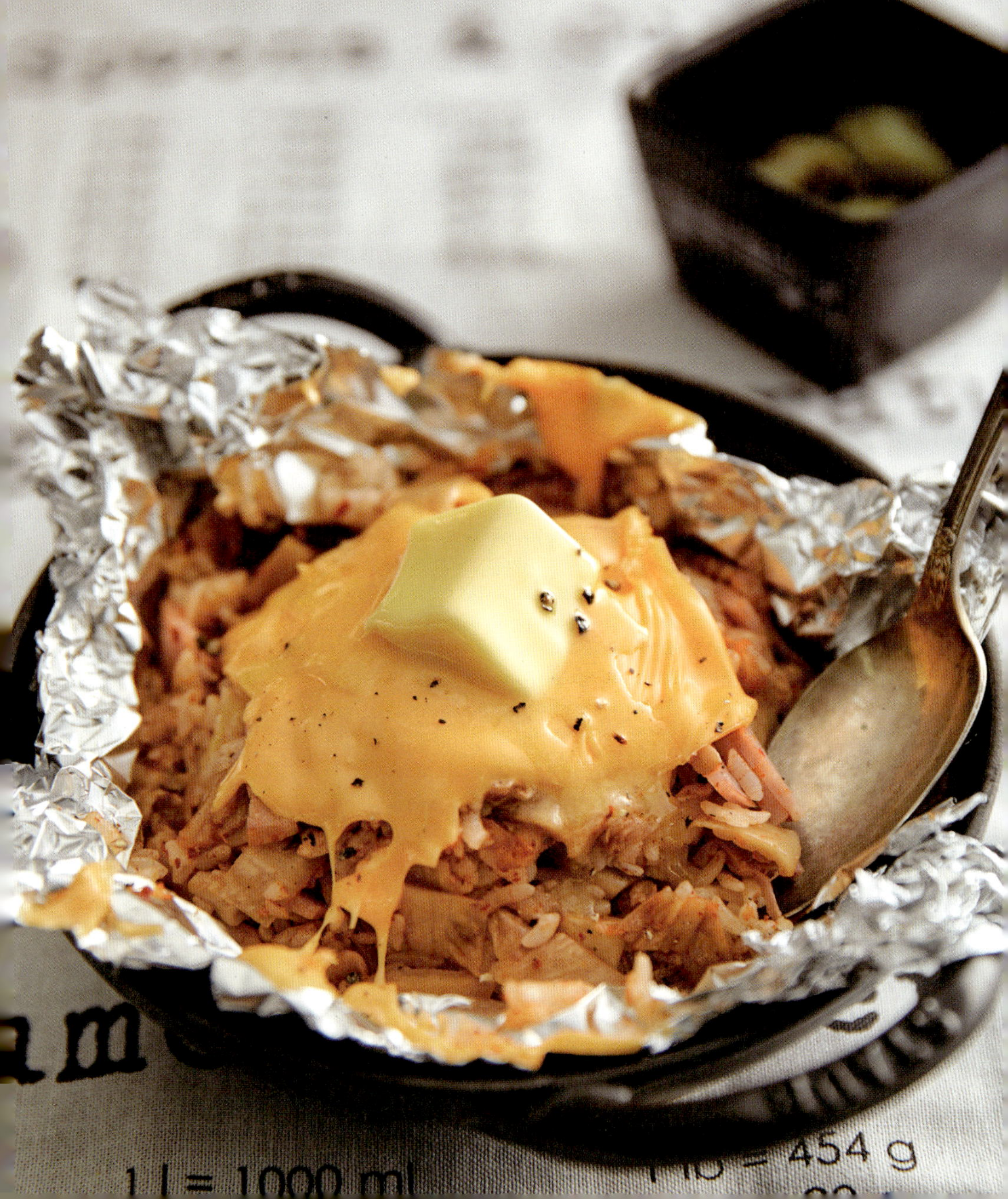

재료

- 밥 1공기
- 김치 100g
- 베이컨 2줄
- 다진 마늘 2작은술
- 설탕 1작은술
- 체더치즈 1장
- 버터 2조각

만드는 방법

1. **김치 · 베이컨 썰기**
   김치는 잘게 썰고, 베이컨은 1cm 크기로 네모지게 썬다.

2. **김치 · 베이컨 볶기**
   달군 팬에 버터를 녹인 뒤 다진 마늘과 베이컨을 볶는다. 마늘 향이 배면 김치를 넣고 함께 볶다가 설탕을 조금 넣는다.

3. **밥 넣어 볶기**
   ②에 밥을 넣고 섞은 뒤 잘 저어가며 볶는다. 다 되면 불을 줄이고 체더치즈를 얹어 뚜껑을 덮고 녹인 다음 접시에 담는다.

4. **버터 올리기**
   완성된 김치볶음밥을 그릇에 담고 뜨거울 때 버터를 올린다.

Tip.

+ 베이컨을 따로 구워서 베이컨 칩을 만들어 볶음밥에 넣어도 맛있어요.

Cooking Recipe

깍두기 스팸 볶음밥

잘 익은 깍두기와 스팸을 잘게 썰어 밥과 함께 볶아보세요. 깍두기의 매콤한 맛과 새콤한 맛이 입맛을 돋워요. 깍두기 대신 신김치로 응용해도 좋아요.

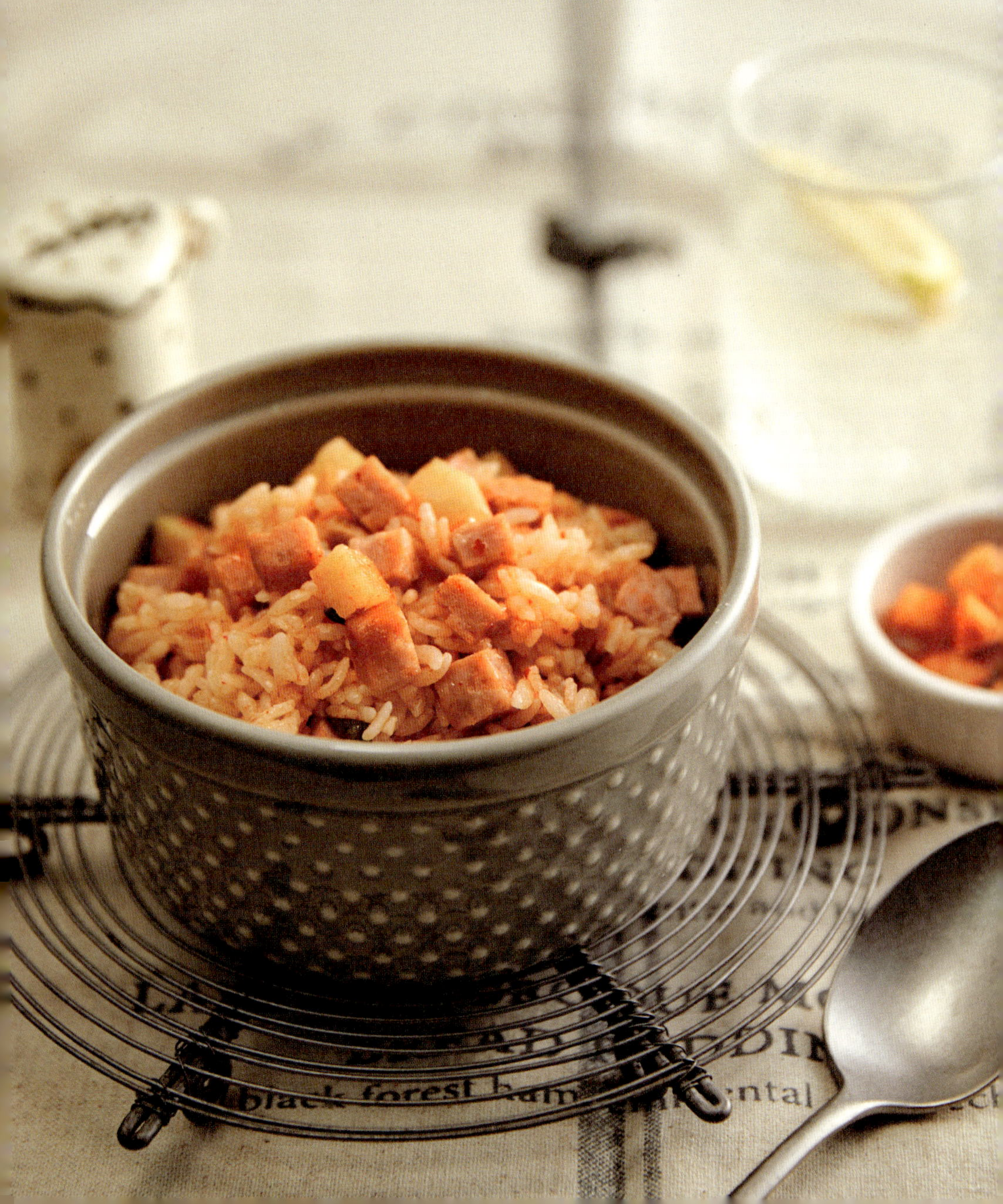

재료 _____

- 밥 1공기
- 깍두기 20g
- 깍두기 국물 2큰술
- 스팸 100g
- 설탕 1/2큰술
- 대파 조금
- 식용유 조금
- 들기름 조금

만드는 방법 _____

1. **재료 썰기**
   깍두기와 스팸은 사방 1cm 크기로 네모지게 썰고, 대파는 송송 썬다.

2. **깍두기 볶기**
   달군 팬에 식용유를 두르고 대파를 넣어 향이 날 때까지 볶다가 스팸을 넣고 함께 볶는다.

3. **들기름으로 맛내기**
   볶음밥이 완성되면 들기름을 뿌려 접시에 담는다.

Tip. _____
+ 깍두기 대신 김치로 만들어도 좋고, 스팸 대용으로 베이컨을 넣어도 좋아요.
+ 재료를 모두 섞은 다음 알루미늄포일에 넣고 180℃의 에어프라이어에 20분 정도 돌리면 간편해요.

Cooking Recipe: 얼큰 부대쫄면

소주나 막걸리를 마실 때, 따끈하고 얼큰한 국물 음식이 당기는 경우가 있어요.
쫄면을 넣어 든든하고 사골국물이 들어가 영양도 풍부해요.

재료(2인분)

- 쫄면 400g
- 프랑크소시지 2개
- 베이컨 4줄
- 스팸 40g
- 슬라이스 햄 4장
- 김치 1컵
- 느타리버섯 1줌
- 양파 1/2개
- 대파 1대
- 양념장
  고추장 1큰술
  고춧가루 2큰술
  간장·청주 1큰술씩
  설탕 1작은술
  다진 마늘 1큰술
  후춧가루 조금
- 사골국물 3컵
- 물 2컵

만드는 방법

1. 햄·소시지 썰기
프랑크소시지는 어슷하게 썰고, 스팸은 슬라이스해서 3~4등분한다. 슬라이스 햄은 4등분하고, 베이컨은 한입 크기로 썬다.

2. 채소 썰기
양파는 굵게 채 썰고, 대파는 반 갈라 5cm 길이로 채 썬다. 느타리버섯은 가닥을 나누고, 김치는 송송 썬다.

3. 국물 끓이기
냄비에 사골국물과 물을 섞어 붓고 양념장을 풀어 끓인다.

4. 재료 넣고 끓이기
③에 준비한 재료를 넣고 끓이다가 쫄면을 넣어 센 불에서 한소끔 끓인다.

Tip.
+ 쫄면 대신 라면을 넣어도 맛있고, 사골국물은 시판 제품을 써도 돼요.

그린빈을 곁들인 연어 스테이크

Cooking Recipe

특별한 분위기를 내고 싶을 땐 연어 스테이크가 제격이에요. 도톰하게 썬 연어를 팬에 구워 그린빈을 곁들이면 근사한 와인이나 양주 안주로 잘 어울려요.

재료

- 연어 150g
- 그린빈 5개
- 엔다이브 1포기
- 올리브오일 2큰술
- 소금·후춧가루 조금씩

만드는 방법

1. 채소 준비하기
그린빈은 꼭지를 잘라내고, 엔다이브는 포기째 반으로 가른다.

2. 연어 밑간하기
연어는 소금·후춧가루로 밑간해 올리브오일을 바른다.

3. 채소 밑간해 굽기
그린빈과 엔다이브에 소금·후춧가루를 뿌린 뒤 달군 팬에 올리브오일을 두르고 살짝 볶는다.

4. 연어 굽기
달군 팬에 올리브오일을 조금 두르고 연어를 굽는다. 한쪽이 익으면 뒤집어서 다른 쪽도 익힌다.

Tip.

+ 연어는 결이 있어 구우면 살이 부서지기 쉬워요. 연어살이 부서지지 않게 하려면 센 불에서 앞뒷면을 익힌 후 중간 불에서 구우세요.

Cooking Recipe

미트볼 파스타

쇠고기로 미트볼을 큼직하게 빚어서 구워 파스타에 곁들였어요. 손님상이나 술자리에
안주로 내면 한 끼 식사도 되고 미트볼을 하나씩 집어 먹는 재미도 있어요.

재료

- **미트볼**
  다진 쇠고기 300g
  다진 양파 6큰술
  빵가루 1/2컵
  다진 마늘 1작은술
  쿠민가루 1작은술
  우유 1/2컵
  달걀 1개
  소금·후춧가루 조금씩
- 푸실리 100g
- 올리브오일 1큰술
- 토마토소스 1컵
- 피자 치즈 3큰술

만드는 방법

1. **미트볼 반죽하기**
   다진 쇠고기, 빵가루, 다진 양파, 다진 마늘, 소금·후춧가루, 쿠민가루를 섞은 뒤 우유, 달걀을 넣고 다시 잘 섞어 반죽을 한다.

2. **미트볼 빚어서 굽기**
   양념한 미트볼을 탁구공만 한 크기로 떼어 동글게 빚은 다음 180℃의 오븐에 15분간 굽는다.

3. **푸실리 삶기**
   끓는 물에 올리브오일을 조금 넣고 푸실리를 7분가량 삶은 뒤 체에 밭쳐 물기를 뺀다.

4. **굽기**
   내열용기에 푸실리와 토마토소스를 섞어 담고 미트볼을 올린 뒤 피자 치즈를 뿌려 180℃의 오븐이나 에어프라이어에 5분간 굽는다.

Tip.
+ 푸실리 대신 펜네나 스파게티 등 다른 파스타로 대체해도 됩니다.

나가사키 짬뽕

Cooking Recipe

진한 국물과 푸짐한 해물이 먹음직스러운 일본식 짬뽕이에요.
청양고추를 넣어 칼칼한 맛을 더했어요. 소주 한잔 할 때 따끈하게 준비하면 좋아요.

재료(2인분)

- 우동면 460g(2인분)
- 모둠해물 300g
- 배추속대 4장
- 숙주 1줌
- 양파 1/2개
- 대파 1대
- 마늘 3쪽
- 청홍고추 1½개씩
- 청주·굴소스 2큰술씩
- 국간장 1큰술
- 소금·후춧가루 조금씩
- 식용유 조금
- 사골국물 2½컵

만드는 방법

1. 채소 준비하기
배추속대와 양파는 채 썰고, 대파와 고추는 어슷하게 썰고, 마늘은 저민다. 숙주는 흐르는 물에 씻어 물기를 뺀다.

2. 해물 씻기
모둠 해물은 흐르는 물에 씻어 물기를 뺀다.

3. 우동면 삶기
끓는 물에 우동면을 삶아서 찬물에 헹궈 물기를 뺀다.

4. 재료 볶기
기름 두른 팬에 마늘, 대파를 볶아 향을 낸 뒤 양파와 배추속대를 볶는다. 이어서 해물을 넣어 볶고, 다 되면 청주, 굴소스, 소금, 후춧가루로 간한다.

5. 사골국물에 끓이기
냄비에 사골국물을 부어 끓이다가 볶은 채소와 숙주를 넣고 소금과 국간장으로 간해 끓인다. 다 되면 우동면과 함께 그릇에 담는다.

Tip.

+ 국물 내기가 번거로우면 시판하는 사골국물을 사용해도 돼요. 매운맛을 좋아하면 페페론치노를 넣으세요.

②

④

⑤

Cooking Recipe

매콤한 치즈 비빔우동

매콤달콤한 고추장 소스와 쫄깃하고 고소한 피자 치즈가 어우러진 퓨전 술안주입니다.
쭉쭉 늘어지는 치즈와 우동을 함께 먹는 맛이 일품이에요.

재료

- 우동 1개
- 사각 어묵 1장
- 양배추 1장
- 양파 1/2개
- 고추장 소스
  고추장 1큰술
  굴소스 1큰술
  설탕 1큰술
  물엿 2큰술
  간장 1큰술
  물 1/2컵
- 피자 치즈 1컵
- 마요네즈 1큰술
- 가쓰오부시 조금

만드는 방법

1. **어묵·양배추·양파 썰기**
   어묵과 양배추는 1.5cm 너비로 길게 썰고, 양파는 채 썬다.

2. **고추장 소스 끓이기**
   재료를 팬에 넣고 약한 불에서 끓여 고추장 소스를 만든다.

3. **우동 데치기**
   우동은 끓는 물에 살짝 데쳐서 물기를 뺀다.

4. **내열용기에 담아 굽기**
   내열용기에 우동, 소스, 양배추, 어묵, 양파를 넣고 피자 치즈를 뿌린 뒤 180℃의 오븐에 20분 정도 익힌다.

5. **마요네즈·가쓰오부시 뿌리기**
   다 되면 위에 마요네즈와 가쓰오부시를 뿌린다.

Tip.
+ 우동 대신 펜네나 푸실리 같은 숏 파스타로 대체해도 좋아요.

Cooking Recipe

불고기 두부 스테이크

달착지근하게 양념한 불고기에 두부, 채소를 구워 곁들였어요.
보기도 좋고 맛도 좋아 손님 초대 요리나 술안주로 준비해도 좋아요.

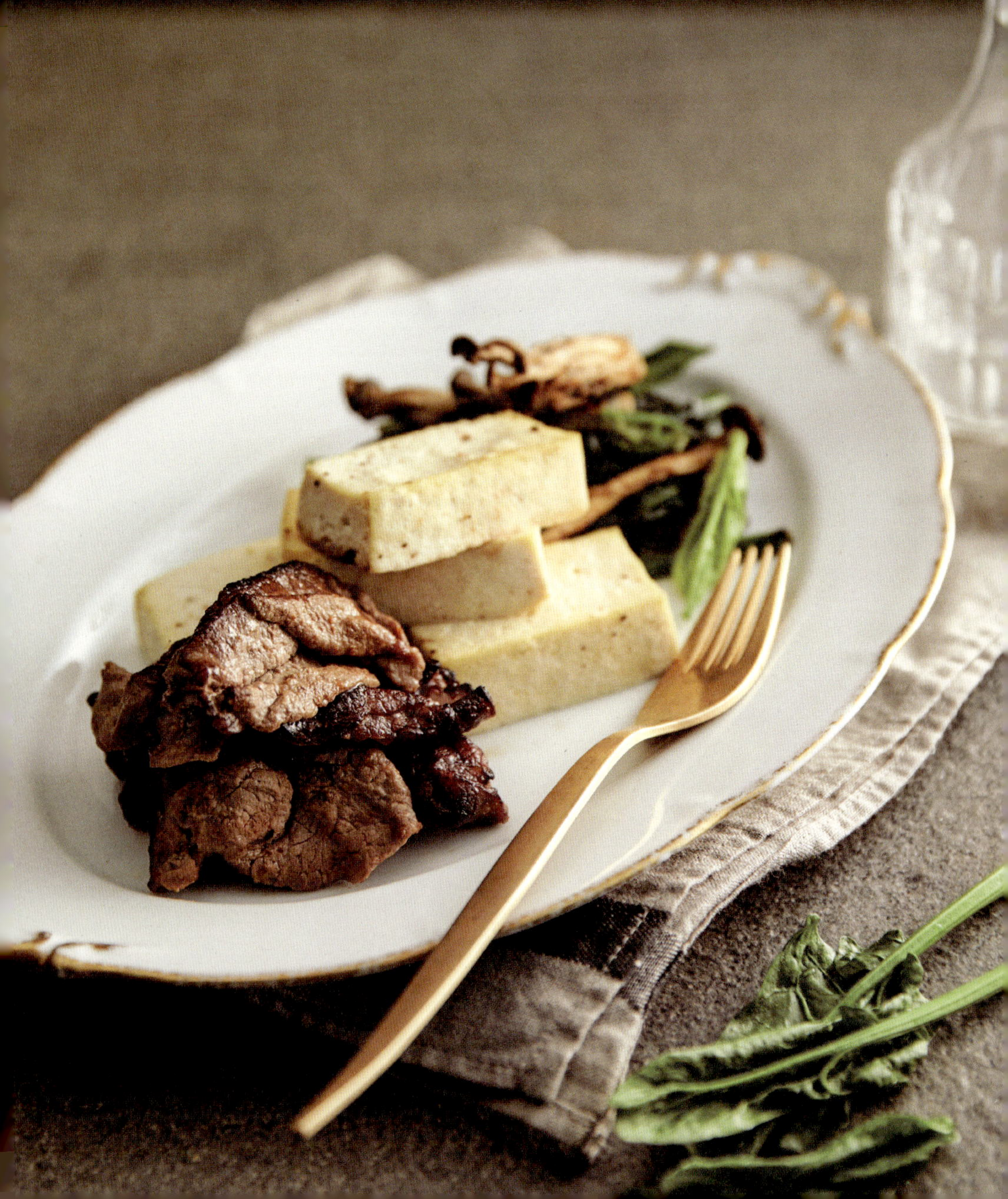

재료

- 쇠고기 100g
- 두부 1/2개
- 느타리버섯 10g
- 시금치 10g
- 소금 1/2작은술
- 후춧가루 조금
- 쇠고기 양념
  간장 2큰술
  설탕 1큰술
  참기름 1큰술
  맛술 1큰술

만드는 방법

1. 불고기 양념하기
쇠고기는 양념해서 재둔다.

2. 두부 썰어 소금 뿌리기
두부는 3×5cm 크기로 납작하게 썰어 소금, 후춧가루를 뿌린다.

3. 채소 준비하기
느타리버섯은 먹기 좋게 찢고, 시금치는 밑동을 다듬은 뒤 물에 깨끗이 씻는다.

4. 두부 굽기
팬에 기름을 두르고 두부를 올려 앞뒤로 뒤집어가며 노릇노릇 굽는다.

5. 불고기 굽기
달군 팬에 양념한 불고기를 볶다가 버섯과 시금치를 넣고 좀 더 볶는다.

Tip.

+ 채소는 냉장고에 있는 재료를 활용하세요.
+ 구운 채소에 발사믹 드레싱을 곁들이면 더 맛있어요.

토르티야 루콜라 피자

토르티야 위에 생 모차렐라 치즈와 신선한 루콜라를 듬뿍 올린 피자.
에어프라이어로 쉽게 만들어 가볍게 즐기기에 좋아요. 맥주 안주로도 환영받아요.

재료 _____

- 토르티야 1장
- 토마토소스 4큰술
- 피자 치즈 1/2컵
- 생 모차렐라 치즈 100g
- 선 드라이 방울토마토 7개
- 루콜라 20g

만드는 방법 _____

1. **소스·피자 치즈 뿌리기**
   토르티야에 토마토소스를 바르고 피자 치즈를 뿌린다.

2. **토핑 올리기**
   생 모차렐라 치즈를 큼직하게 뜯어 ①에 올리고 선 드라이 방울토마토를 올린다.

3. **오븐에 굽기**
   180℃의 오븐이나 에어프라이어에 넣고 5분간 노릇하게 굽는다.

4. **루콜라 올리기**
   접시에 구운 피자를 담고 루콜라를 올린다.

Tip. _____

+ 선 드라이 방울토마토가 없다면 신선한 방울토마토로 대체하고, 루콜라 대신 시금치나 다른 샐러드 채소를 올려도 좋아요.

Cooking Recipe

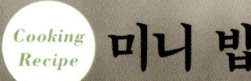

미니 밥피자

밥과 토마토소스, 피자 치즈의 조합이 의외로 잘 어울리는 밥피자입니다.
귀여운 모양에 맛도 좋고 하나씩 꺼내 먹기도 좋아요.

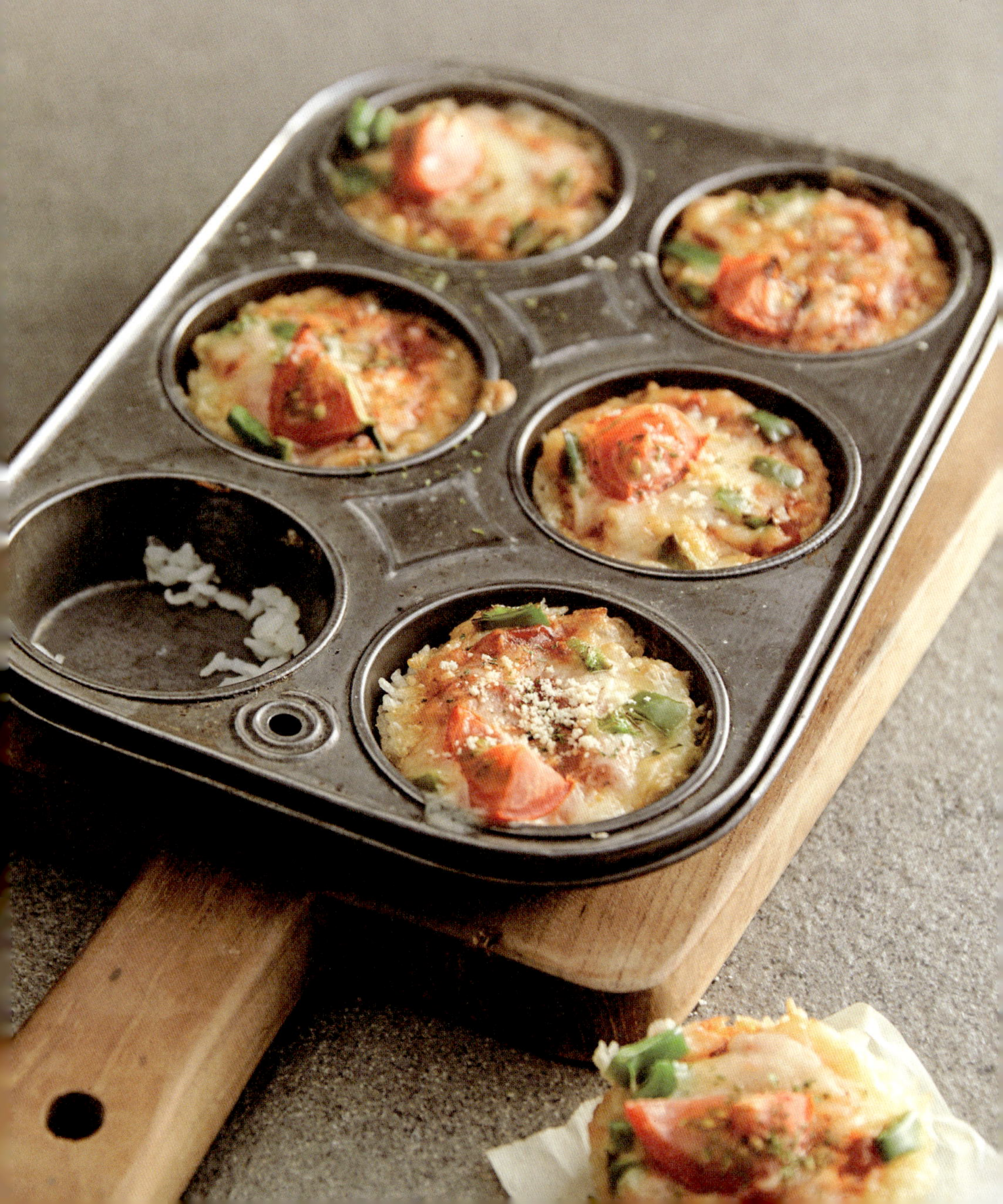

재료

- 밥 1공기
- 올리브오일 1큰술
- 토마토소스 6큰술
- 피자 치즈 1/2컵
- 토마토 1개
- 피망 1/2개

만드는 방법

1. 머핀 틀에 밥 담기
머핀 틀에 올리브오일을 바르고 밥을 담아 모양을 만든다.

2. 애벌로 굽기
에어프라이어를 200℃로 맞추고 밥을 넣어 10분간 굽는다.

3. 토마토 · 피망 썰기
토마토는 적당히 썰고 피망은 잘게 썬다.

4. 밥피자 만들기
구운 밥에 토마토소스를 바르고 피자 치즈를 뿌린 다음 토마토와 피망을 올린다.

5. 오븐에 굽기
200℃의 오븐이나 에어프라이어에 넣고 치즈가 녹을 때까지 5분 정도 굽는다.

Tip.
+ 머핀 틀이 없다면 종이컵이나 내열용기를 사용하세요.
+ 베이컨이나 버섯류를 토핑으로 올려도 좋아요.

Cooking Recipe

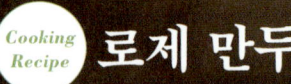

로제 만두

냉동 만두를 이색적인 맛으로 재탄생시켰어요. 로제 소스를 깔고 바삭하게 구운 만두를 올린 다음 치즈를 얹어 구우면 짭조름하고 크리미한 맛이 입맛을 돋운답니다.

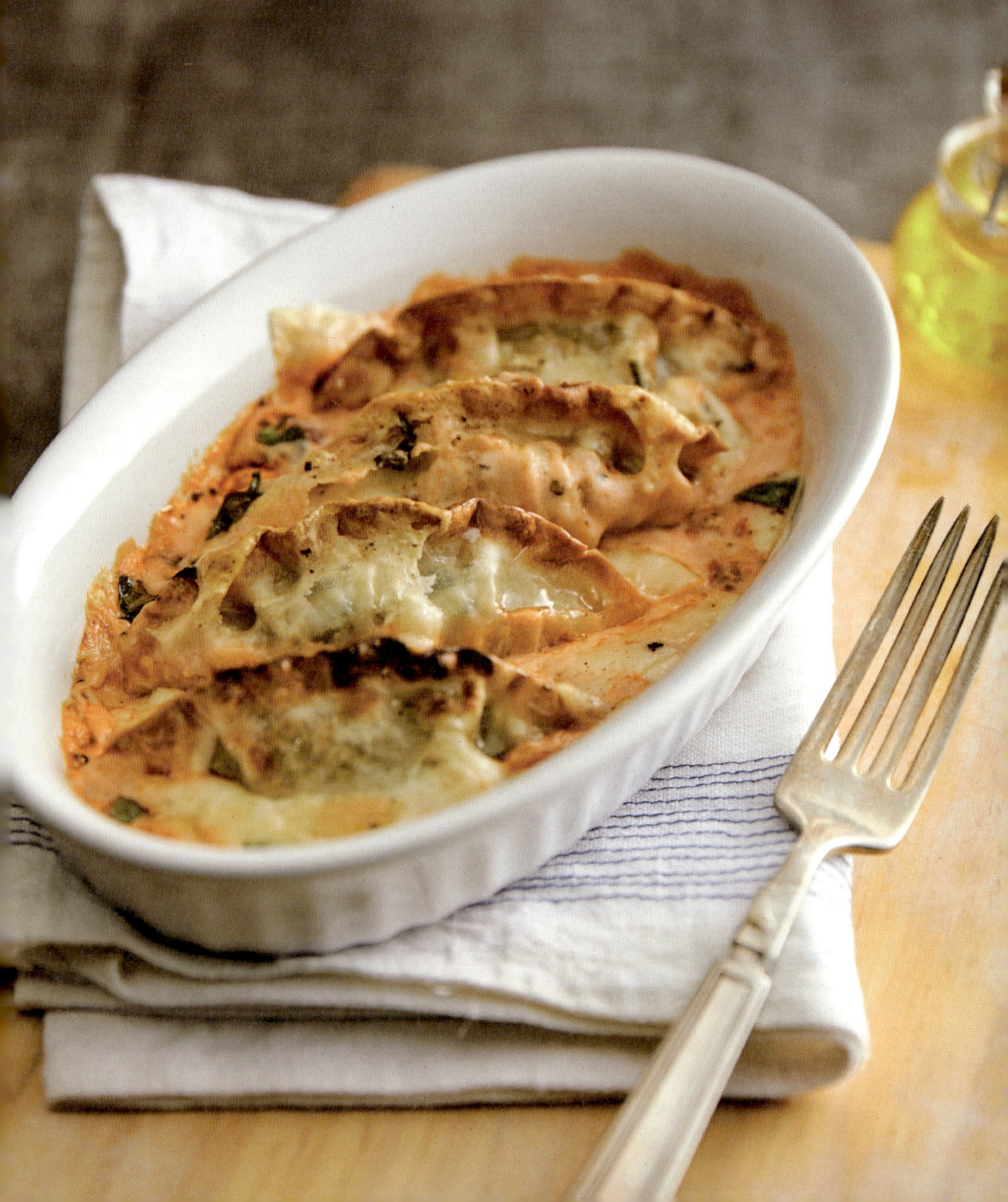

재료

- 냉동 왕교자 5개
- 로제 소스 1컵
- 피자 치즈 1/2컵
- 그라나파다노 치즈 10g
- 이탈리안 파슬리 조금
- 식용유 조금

만드는 방법

1. 왕교자 굽기
종이포일에 냉동 왕교자를 올리고 식용유를 바른 다음 180℃의 에어프라이어에서 10분간 굽는다.

2. 내열용기에 담기
내열용기에 로제 소스를 깔고 교자를 올린 뒤 피자 치즈를 그라파다노 치즈, 이탈리안 파슬리와 함께 위에 올린다.

3. 에어프라이어에 굽기
180℃의 에어프라이어에서 15분간 굽는다.

Tip.

\+ 로제 소스 대신 토마토소스나 크림소스를 넣어서 조리해도 좋아요.

Part 4.

요즘엔 홈파티지!
폼나는 안주

Cooking Recipe

소금 절임 로스트 포크

돼지 목살을 소금·설탕으로 밑간한 뒤 숙성시켜 채소와 함께 구웠어요.
고기를 숙성시키는 시간이 길지만 기다린 만큼 깊은 맛을 느낄 수 있어요.

재료

- 돼지 목살 400g
- 돼지고기 밑간
  소금 1큰술
  설탕 1큰술
- 감자(작은 것) 5개
- 양파 1/2개
- 사과 1개
- 마늘 4쪽
- 로즈메리 1줄기
- 타임 1줄기
- 올리브오일 1큰술

만드는 방법

1. 돼지고기 숙성시키기
돼지고기는 소금, 설탕을 뿌려 랩으로 싼 뒤 냉장고에 2~3일 둔다.

2. 부재료 준비하기
감자와 양파는 4~6등분하고, 사과는 6등분한 뒤 씨를 제거한다.

3. 돼지고기 물기 닦기
숙성시킨 고기를 냉장고에서 꺼내 종이타월로 물기를 닦는다.

4. 돼지고기 굽기
200℃로 예열한 오븐이나 에어프라이어에 넣고 20분 굽고 뒤집어서 20분 굽는다. 준비한 감자, 양파, 사과, 마늘도 함께 굽는다.

Tip.

+ 마늘을 푹 익히면 퓌레처럼 뭉그러져요. 이것을 고기에 으깨어 발라 먹어도 좋아요.
+ 목살이 너무 두껍다면 칼집을 내거나 썰어서 구우세요.

Cooking Recipe

파인애플 통삼겹살구이

두툼한 통삼겹살을 오븐에 구우면 기름은 쏙 빠지고 육즙은 가득해요.
구운 파인애플을 곁들이면 영양의 궁합도 맞고, 훌륭한 홈파티 요리가 완성됩니다.

재료

- 통삼겹살 500g
- 파인애플 300g
- 로즈메리 3줄기
- 소금·후춧가루 조금씩

만드는 방법

1. 통삼겹살 밑간하기
통삼겹살은 2cm 깊이로 칼집을 낸 뒤 로즈메리, 소금, 후춧가루로 밑간을 해서 30분가량 재둔다.

2. 파인애플 썰기
파인애플은 껍질을 벗기고 먹기 좋은 크기로 썬다.

3. 오븐에 굽기
180℃로 예열한 오븐이나 에어프라이어에 통삼겹살을 넣어 25분가량 굽고 뒤집어서 25분 더 굽는다.

4. 파인애플 얹어 굽기
삼겹살이 속까지 잘 구워지면 잘라놓은 파인애플을 위에 얹고 다시 10분간 굽는다.

Tip.
+ 돼지껍데기는 오래 구우면 껍질이 딱딱해질 수 있으니 주의하세요.
+ 작은 용량의 에어프라이어에서는 통삼겹살이 너무 두꺼우면 잘 익지 않기 때문에 중간중간 익는 정도를 확인해야 합니다.

Cooking Recipe

중국식 돼지등갈비구이

중국식 양념으로 맛을 낸 등갈비구이예요. 식초를 넣어 살짝 새콤한 맛이 도는 것이 특징이랍니다. 뜯어 먹는 재미가 있어 캐주얼한 홈파티에 잘 어울려요.

재료

- 돼지 등갈비 500g
- 대파 1대
- 연근 1/4개(100g)
- 등갈비 양념
  간장 2큰술
  식초 2작은술
  꿀 2작은술
  맛술 2큰술
  참기름 2작은술
  통깨 조금

만드는 방법

1. **찬물에 담가 핏물 제거하기**
   돼지 등갈비는 찬물에 30분 정도 담가 핏물을 뺀 다음 종이타월로 눌러 물기를 닦는다.

2. **대파·연근 썰기**
   대파는 10cm 길이로 썰고, 연근은 슬라이스한다.

3. **등갈비 양념하기**
   돼지 등갈비에 고기 양념과 대파, 연근을 넣고 잘 섞는다.

4. **오븐에 굽기**
   200℃로 예열한 오븐이나 에어프라이어에 양념한 등갈비를 굽는다. 15분간 굽다가 뒤집어서 15분 더 굽는다.

Tip.

+ 한꺼번에 너무 많이 구우면 속이 잘 안 익을 수 있어요. 적당한 양을 평평하게 담아서 굽는 것이 골고루 익게 하는 비결입니다.

Cooking Recipe

비프 타파

필리핀의 대표 음식 비프 타파를 집에서 간편하게 만들어보세요.
쇠고기를 양념해 오븐에 굽고 팬에 다시 바짝 구우면 돼요. 채 썬 대파까지 곁들이면
현지에서 먹는 맛 못지않아요.

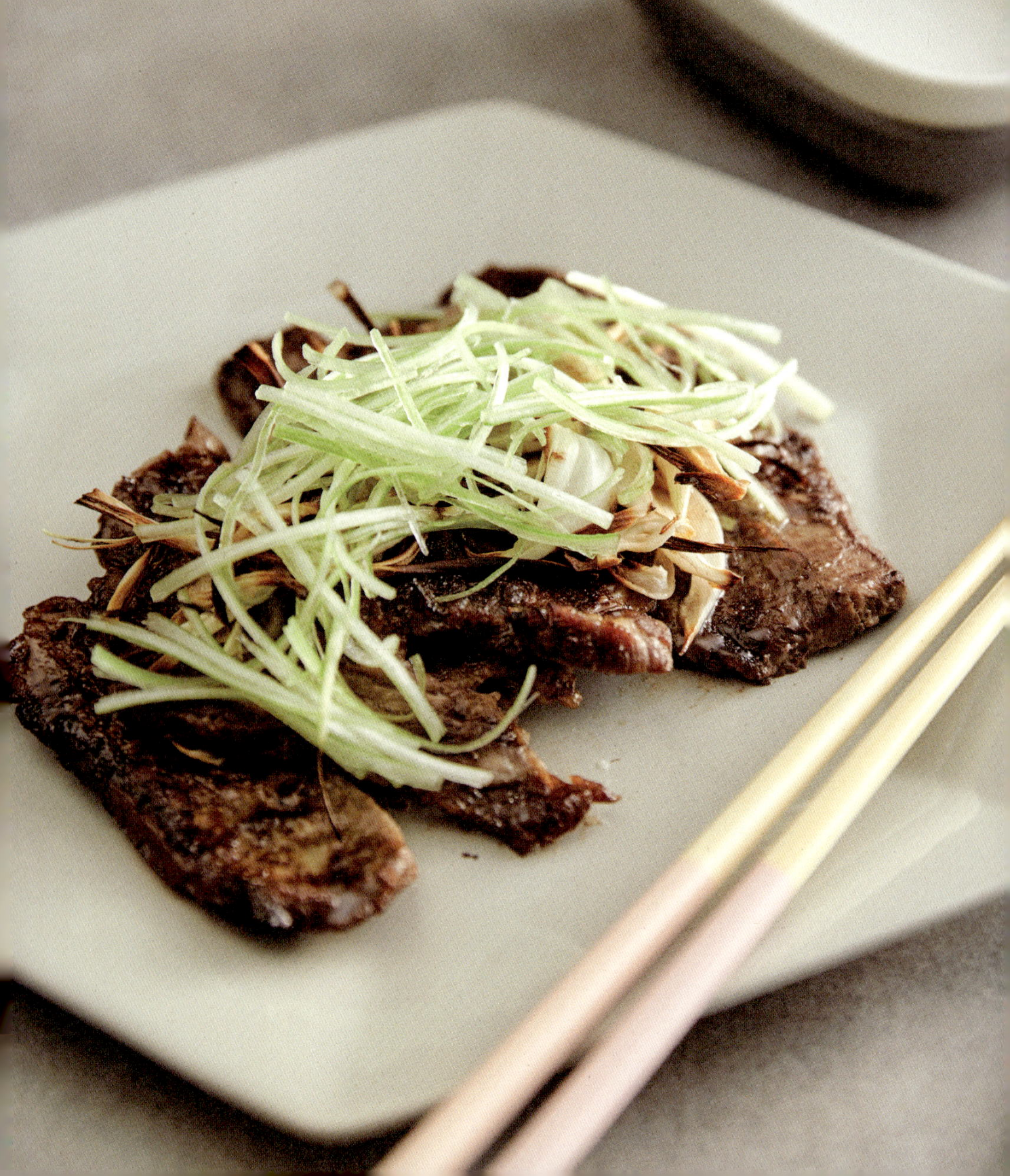

재료

- 쇠고기(토시살) 400g
- 양파 1/2개
- 대파 조금
- 쇠고기 양념
  간장 2큰술
  식초 1큰술
  꿀 2큰술
  다진 마늘 1/2큰술

만드는 방법

1. **쇠고기 양념에 재기**
   쇠고기는 핏물을 제거하고 양념해 냉장고에서 30분 정도 숙성시킨다.

2. **양파·대파 채 썰기**
   양파와 대파는 가늘게 채 썬다.

3. **오븐에 굽기**
   숙성시킨 고기와 양파를 150℃의 오븐에서 30분간 말리듯 굽는다. 중간에 한 번씩 뒤집어준다.

4. **팬에 굽기**
   달군 팬에 기름을 두르고 구운 고기를 올려 겉이 바싹 익도록 굽는다. 다 되면 접시에 담고 양파와 대파를 곁들인다.

Tip.
+ 양념한 고기를 구울 때는 윗부분이 타기 쉬우니 알루미늄포일로 덮어 조리하세요.

Cooking Recipe

허브 치킨랩 구이

닭다리살을 펼쳐서 마늘과 버섯, 허브를 넣고 돌돌 말아 구웠어요. 썰어놓으면 보기도 좋고, 향긋한 허브의 향이 입안에 감돌아 홈파티에 내놓으면 환영받는답니다.

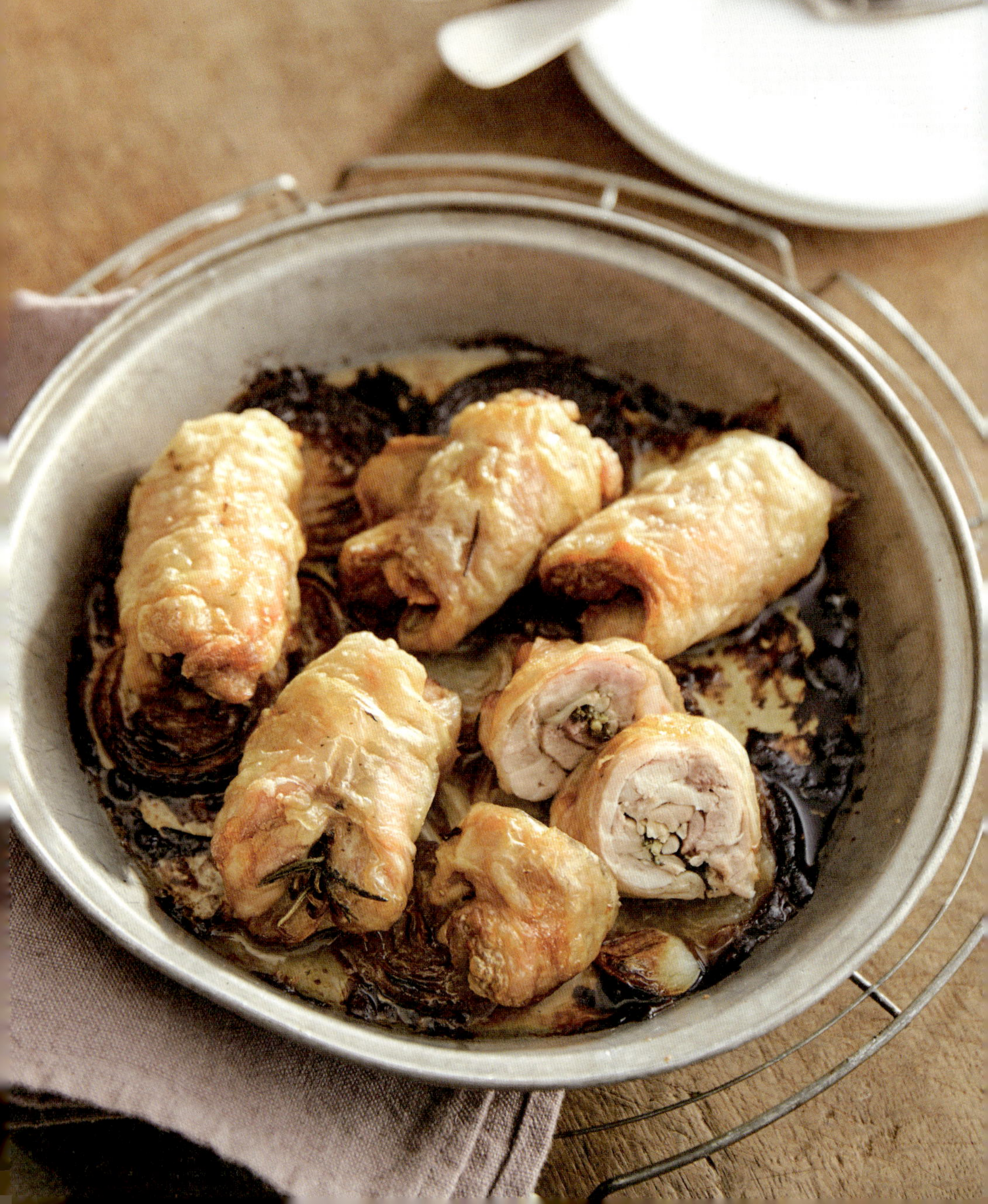

재료

- 닭다리살 2개(200g)
- 양파 1개
- 마늘 2톨
- 만가닥버섯 50g
- 로즈메리 2줄기
- 소금·후춧가루 조금씩
- 식용유 조금
- 이쑤시개 4개

만드는 방법

1. 닭다리살 밑간하기
닭다리살에 칼집을 넣어 평평하게 펼친 뒤 소금·후춧가루로 밑간해서 냉장고에 15분 정도 둔다.

2. 채소 준비하기
양파는 둥근 모양을 살려 1cm 두께로 슬라이스하고 만가닥버섯은 가닥을 나눈다. 마늘은 얇게 저민다.

3. 닭다리살로 싸서 재료 말기
펼친 닭다리살 위에 마늘, 버섯, 로즈메리를 올리고 돌돌 말아 이쑤시개 2개로 고정시킨다.

4. 닭다리살 굽기
내열용기에 양파를 깔고 닭고기를 올린 다음 식용유를 바른다. 180℃의 오븐에서 20분, 뒤집어서 20분 굽는다.

5. 접시에 담기
모양을 살려 3~4cm 간격으로 썬 뒤 이쑤시개를 빼고 접시에 담는다.

Tip.

+ 이쑤시개로 고정하는 것이 어렵다면 알미늄포일에 감싸서 구우세요.

Cooking Recipe

훈제오리 채소구이

훈제오리는 기름을 제거하는 것이 좋은데, 에어프라이어를 사용하면 기름이 튀지 않아요. 기름을 쪽 뺀 오리고기에 채소를 곁들여 건강하게 즐겨보세요.

재료

- 훈제오리 500g
- 미니양배추 5개
- 샬롯 5개
- 새송이버섯 1개
- 아스파라거스 3개
- 올리브오일 조금
- 간장 소스
  간장 1큰술
  식초 2큰술
  설탕 3큰술
  연겨자 1작은술

만드는 방법

1. **채소 준비하기**
   미니양배추와 샬롯은 반 자르고, 새송이버섯은 한입 크기로 썬다. 아스파라거스는 5cm 크기로 토막 낸다.

2. **채소 굽기**
   준비한 채소를 올리브오일에 버무려 180℃의 에어프라이어에서 5분간 굽는다.

3. **훈제오리 굽기**
   종이포일을 깔고 훈제오리를 올린 뒤 180℃에서 앞뒤로 10분씩 굽는다.

4. **접시에 담기**
   접시에 구운 훈제오리와 채소를 담고 간장 소스를 만들어 끼얹는다.

Tip.

+ 기름을 완전히 빼고 싶다면 훈제오리를 철망 위에 올려놓고 아래로 기름이 빠지게 하세요.

Cooking Recipe

허브버터 새우구이

허브 향이 배어 더 맛있는 새우구이예요. 버터에 허브를 섞어 발라서 구우면 보기도 좋고 맛도 좋은 홈파티 메뉴를 뚝딱 만들 수 있어요.

재료

- 타이거새우 5마리
- 맛술 2큰술
- 소금·후춧가루 조금씩
- 허브 버터
  무염 버터 150g
  다진 마늘 1큰술
  타임 1줄기
  로즈메리 1줄기
  이탈리안 파슬리 조금
  다진 레몬 제스트 조금

만드는 방법

1. **새우 손질하기**
   타이거새우는 등 쪽에 칼집을 넣어 내장을 빼낸 뒤 종이타월로 눌러 물기를 닦는다.

2. **새우 밑간하기**
   손질한 새우를 맛술, 소금, 후춧가루로 밑간해 20분가량 둔다.

3. **허브 버터 올리기**
   재료를 모두 섞어서 허브 버터를 만들어 새우 위에 대충 바른다. 새우 1개당 1/2큰술 정도가 적당하다.

4. **굽기**
   종이포일 위에 허브 버터 바른 새우를 올리고 오븐이나 에어프라이어 180℃에서 15분, 뒤집어서 15분 굽는다.

Tip.

+ 허브 버터 만들기
1. 무염 버터를 상온에 두어 부드럽게 만든다.
2. 부드러운 버터에 다진 허브와 다진 마늘, 잘게 다진 레몬 제스트를 넣고 잘 섞는다.
3. 종이포일 위에 버터를 길게 놓고 돌돌 만 뒤 냉동실에 보관한다.

Cooking Recipe

지중해 해산물구이

대구살과 새우, 조개에 채소를 곁들여 빠삐요뜨 스타일로 구웠어요. 준비한 재료들을 종이포일에 말아 굽기만 하면 돼요. 멋스러운 파티에 잘 어울리는 메뉴입니다.

재료

- 대구살 2개
- 새우(중간 크기) 4마리
- 모시조개 1봉지(150g)
- 셀러리 1/2대
- 적양파 1/2개
- 레몬 1/2개
- 당근 1/4개
- 콜리플라워 1/4개
- 대구살 밑간
  바질 페스토 4작은술
  레몬즙 1큰술
  후춧가루 조금
- 올리브오일 조금

만드는 방법

1. **해산물 손질하기**
   대구살은 종이타월로 물기를 닦은 뒤 바질 페스토 등을 발라 밑간하고, 새우는 등 쪽의 내장을 제거한다.

2. **모시조개 해감 빼기**
   모시조개는 소금물에 담가 검은 비닐봉지에 싸서 냉장고에 20분 정도 둔다. 해감이 빠지면 헹구어 건진다.

3. **채소 준비하기**
   셀러리는 어슷하게 썰고, 적양파는 1cm 폭으로 썰고, 레몬은 슬라이스한다. 당근과 콜리플라워는 먹기 좋은 크기로 자른다.

4. **종이포일에 싸서 굽기**
   종이포일에 밑간한 대구살과 새우와 모시조개, 채소를 모두 올린 뒤 종이포일을 접어 양쪽 끝을 돌돌 말아 감싼다. 그 위에 올리브오일을 적당히 뿌려서 오븐이나 에어프라이어 180℃에서 30분간 굽는다.

Tip.

+ 올리브오일을 뿌리면 수분이 유지되어 생선살이 더욱 부드럽게 돼요.

Cooking Recipe

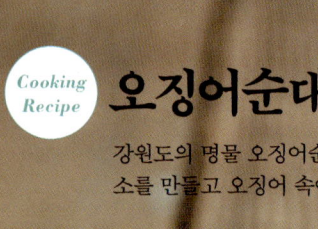

오징어순대

강원도의 명물 오징어순대를 홈파티 술안주로 준비해보세요. 김치와 두부를 다져
소를 만들고 오징어 속에 채워 굽기만 하면 됩니다. 어떤 술에든 잘 어울려요.

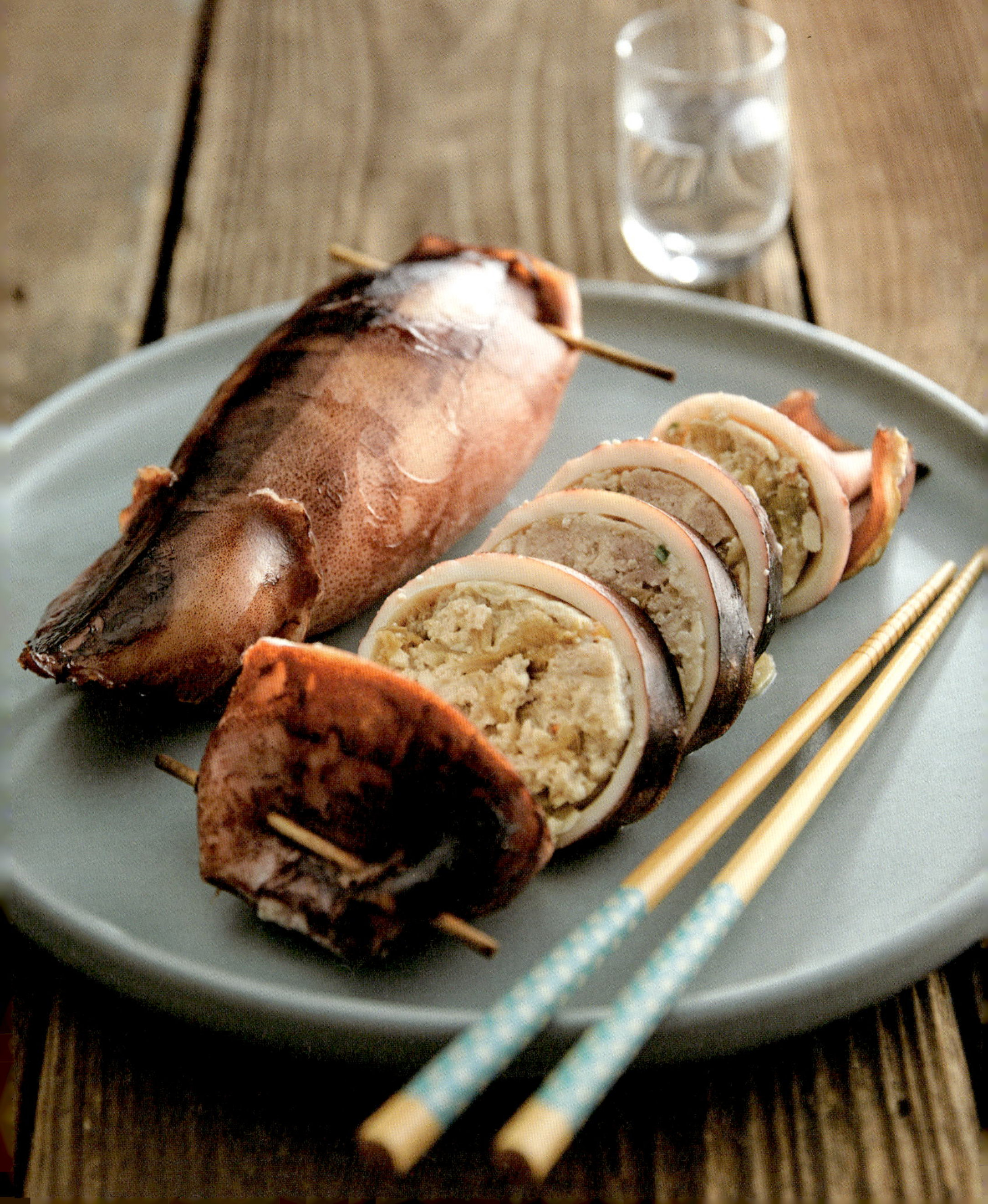

재료

- 오징어(몸통) 2마리
- 순대소
  다진 돼지고기 100g
  김치 50g
  두부 1/2모
  당근 1/4개
  양파 1/4개
  청양고추 1개
  밀가루 2큰술
  달걀 1개
  소금·후춧가루 조금씩
- 이쑤시개 2개

만드는 방법

1. **오징어 손질하기**
   오징어는 몸통만 준비해 속을 훑어내고 깨끗이 씻어 물기를 거둔다.

2. **김치·두부·채소 준비하기**
   김치는 잘게 다지고 두부, 당근, 양파, 청양고추도 잘게 다진다.

3. **순대소 섞기**
   ②의 재료에 밀가루, 달걀, 소금·후춧가루를 넣어 골고루 섞는다.

4. **오징어에 순대소 넣기**
   오징어 몸통 속에 순대소를 채운 다음 꼬치로 고정한다.

5. **에어프라이어에 굽기**
   오징어순대를 종이포일로 감싸 180℃의 오븐이나 에어프라이어에 넣고 앞뒤로 15분씩 굽는다.

Tip.
+ 오징어순대는 한 김 식힌 다음 썰어야 깔끔하게 썰 수 있어요.

Cooking Recipe

에스닉 완자구이

고기완자와 셀러리, 토마토를 구워서 곁들인 색다른 메뉴예요. 셀러리의 향이 고기완자와 어우러져 이국적인 맛을 내는 술안주입니다. 한 개씩 집어먹기도 좋아요.

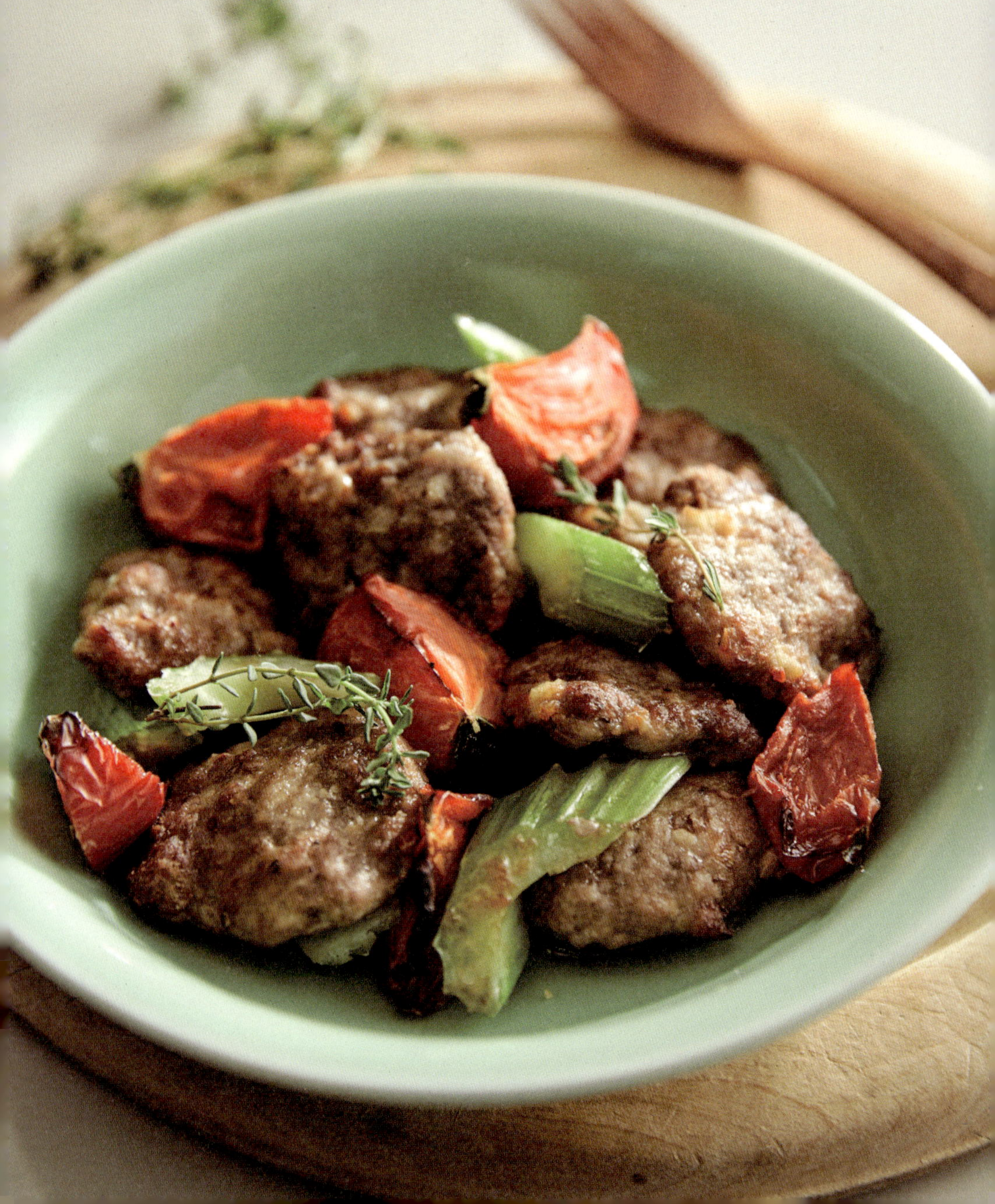

재료

- 고기완자
  다진 쇠고기 150g
  다진 돼지고기 150g
  두부 70g
  전분 2큰술
  소금 1작은술
  후춧가루 조금
- 토마토 1개
- 셀러리 1/2대
- 올리브오일 1큰술
- 피시 소스 2큰술

만드는 방법

1. **토마토·셀러리 썰기**
   토마토는 웨지 모양으로 자르고, 셀러리는 어슷하게 썬다.

2. **고기 반죽하기**
   다진 쇠고기와 돼지고기에 소금·후춧가루를 넣고 두부, 전분을 섞어 함께 치댄다.

3. **완자 빚기**
   반죽을 나눠 동글납작하게 모양을 만든다.

4. **팬에 굽기**
   팬에 올리브오일을 두르고 센 불에서 고기완자를 앞뒤로 구운 뒤 불을 줄여 속까지 익힌다. 중간에 토마토와 셀러리를 올려 함께 굽는다.

5. **접시에 담기**
   구운 완자를 접시에 담고 피시 소스를 곁들여 찍어 먹는다.

Tip.

\+ 토마토와 셀러리는 180℃의 에어프라이어에서 10~15분간 구워도 됩니다.

Cooking Recipe

차돌박이 부추 샐러드

고소한 맛이 좋은 차돌박이에 궁합이 딱 맞는 영양부추를 더했어요.
술안주로도 좋고, 고기의 양을 늘리면 한 끼 식사로도 손색없어요.

재료

- 차돌박이 100g
- 영양부추 70g
- 배추속대 80g
- 양파 1/3개
- 간장 1큰술
- 고추냉이 간장 드레싱
  고추냉이 1작은술
  간장 2큰술
  양파·다진 쪽파 2큰술씩
  참기름·맛술 1큰술씩

만드는 방법

1. 차돌박이 데치기
차돌박이를 종이타월로 눌러 핏물을 뺀 뒤, 끓는 물에 간장을 넣고 데쳐 물기를 뺀다.

2. 채소 썻기
배추속대는 썻어서 물기를 빼고, 영양부추는 썻어서 4cm 길이로 썬다. 양파는 가늘게 채 썬다.

3. 그릇에 담아 드레싱 뿌리기
데친 차돌박이와 채소를 섞어 그릇에 담고 드레싱을 뿌린다.

Tip.

\+ 배추속대 대신 봄동이나 청경채 등을 넣어도 맛있어요. 그밖에 냉장고에 있는 다양한 채소를 활용하세요.

Cooking Recipe

타이식 쌀국수 샐러드

쌀국수와 숙주, 칵테일새우가 어우러진 쌀국수 샐러드는 상큼하면서도 고소해서 홈파티 메뉴로 준비하면 좋아요. 드레싱은 마지막에 뿌려야 쌀국수가 불지 않는답니다.

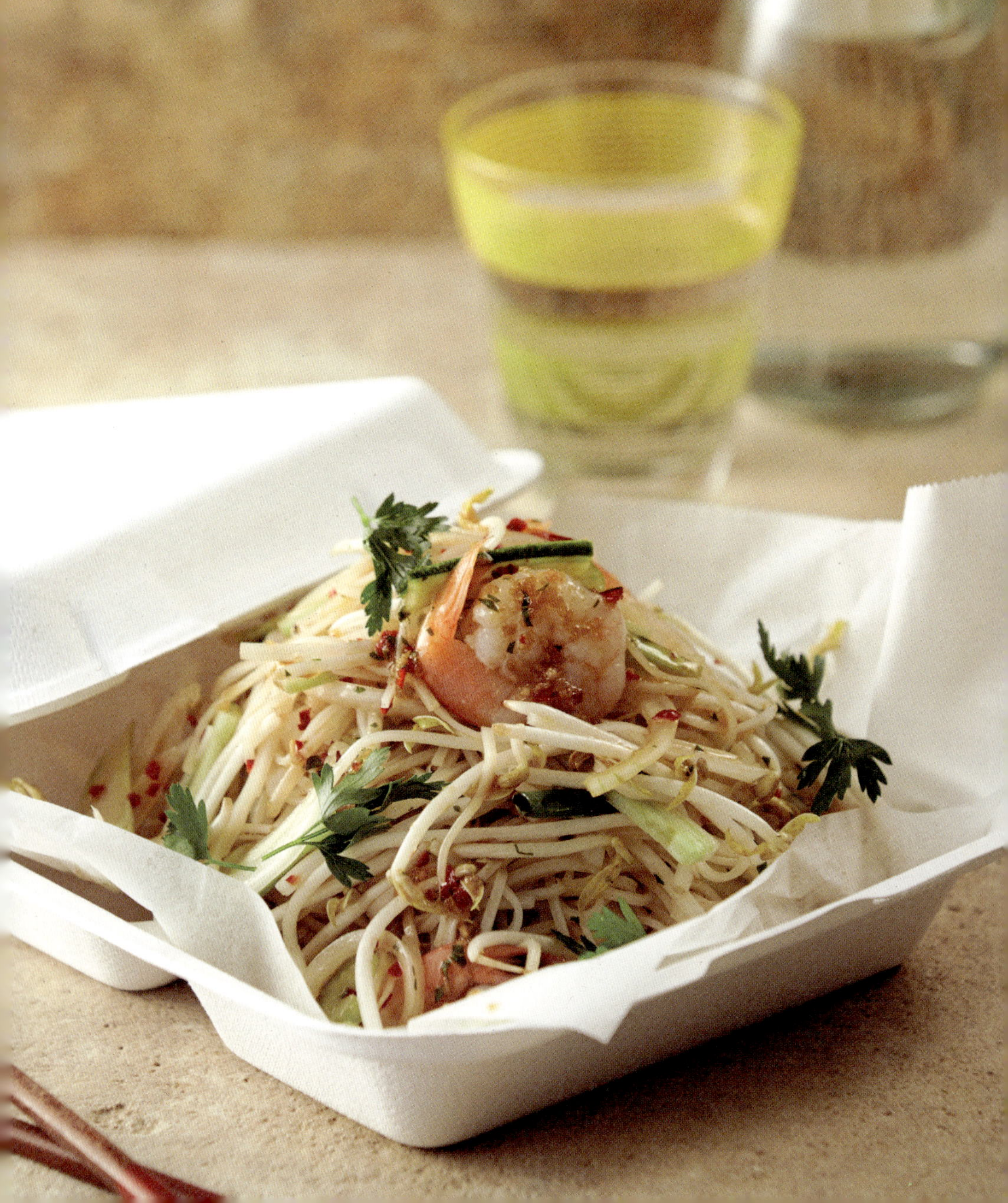

재료(1인분)

- 쌀국수 60g
- 칵테일새우 4마리
- 숙주 40g
- 그린빈 4개
- 셀러리·오이 조금씩
- 홍고추 1/2개
- 양파·고수 조금씩
- 청주·소금 조금씩
- 타이 드레싱
  다진 홍고추 1/2개분
  다진 양파 1큰술
  피시 소스 1½큰술
  식초·올리브오일 2큰술씩
  칠리소스·설탕 1큰술씩
  땅콩가루 조금

만드는 방법

1. 재료 데치기
끓는 물에 청주를 넣고 새우를 데친다.

2. 양파·숙주·그린빈 준비하기
그린빈은 적당히 자르고 숙주는 물에 씻어 각각 끓는 물에 살짝 데친다. 양파는 채 썰어 물에 담가두었다가 물기를 뺀다.

3. 나머지 채소 준비하기
오이는 반 갈라 0.3cm 폭으로 썰고, 셀러리는 섬유질을 벗기고 같은 크기로 썬다. 홍고추는 어슷하게 썬다.

4. 쌀국수 불려 데치기
쌀국수를 찬물에 10분 정도 불린 뒤, 끓는 물에 20초간 짧게 데친다. 바로 찬물에 헹궈 체에 밭친다.

5. 접시에 담고 드레싱 뿌리기
쌀국수, 채소와 새우를 섞어 접시에 담고 고수를 올린 다음 드레싱을 뿌린다.

Tip.
+ 생숙주 씹는 맛이 부담스럽다면 숙주를 살짝 볶아서 사용해도 좋아요.

Cooking Recipe

페스토 가지구이

파르메산 치즈와 페스토 오일 소스가 평범한 가지를 재탄생시켰어요.
가지에 페스토 오일 소스 끼얹어 구우면 가지의 단맛과 풍미가 두 배로 좋아져요.

재료

- 가지 1개
- 파르메산 치즈가루 2큰술
- 루콜라 10g
- 구운 잣 조금
- 페스토 오일 소스
  바질 페스토 2큰술
  (바질 잎 1줌, 마늘 3톨)
  파르메산 치즈가루 2큰술
  올리브오일 3큰술
  견과류 조금
  소금·후춧가루 조금씩

만드는 방법

1. 가지 손질하기
꼭지를 잘라내고 깨끗이 씻은 뒤 모양대로 2등분해서 어슷하게 썬다.

2. 페스토 오일 소스 만들기
바질 잎과 마늘을 갈아서 바질 페스토를 만든 뒤 나머지 재료를 섞어 페스토 오일 소스를 만든다.

3. 소스 발라 굽기
종이포일에 가지를 올린 뒤 페스토 오일 소스를 바르고 200℃의 오븐이나 에어프라이어에서 15분간 굽는다.

4. 접시에 담기
접시에 구운 가지를 담고 파르메산 치즈가루를 뿌린 뒤 루콜라와 구운 잣을 올린다.

Tip.
+ 파르메산 치즈가루 대신 덩어리 치즈를 치즈 그라인더로 갈아서 넣으면 향이 더욱 풍부해져요.

Cooking Recipe

미니 파프리카구이

파프리카 속에 다진 고기와 치즈를 얹어 구운 미니 파프리카구이.
치즈가 듬뿍 들어가 고소하고, 씹으면 파프리카의 단맛이 느껴져 더욱 맛있답니다.

재료

- 미니 파프리카 5개
- 고기 반죽
  다진 쇠고기 250g
  다진 양파 1/2개분
  다진 마늘 1큰술
  소금 1/2작은술
  후춧가루 조금
- 토마토소스 5큰술
- 피자 치즈 1/2컵
- 파르메산 치즈가루 5큰술
- 다진 파슬리 1큰술

만드는 방법

1. 파프리카 2등분하기
미니 파프리카는 깨끗이 씻어 2등분한 뒤 씨를 제거한다.

2. 쇠고기 반죽하기
다진 쇠고기는 종이타월로 눌러 핏물을 뺀 다음 다진 양파, 다진 마늘, 소금·후춧가루를 넣고 버무려 치댄다.

3. 파프리카에 반죽 채우기
파프리카 안쪽에 토마토소스를 바르고 양념한 쇠고기를 채운다.

4. 에어프라이어에 굽기
종이포일 위에 파프리카를 올린 뒤 180℃의 오븐이나 에어프라이어에서 20분간 굽는다.

5. 치즈 뿌려 굽기
중간에 꺼내서 피자 치즈와 파르메산 치즈가루를 뿌린 다음 치즈가 녹을 때까지 15분 정도 더 굽는다.

Tip.
+ 파프리카에 고기를 너무 많이 채우면 속까지 잘 안 익을 수 있으니 양을 적당히 넣도록 하세요.

Part 5.

굽기만 하면 끝!
초간단 안주

Tip.
+ 한꺼번에 너무 많이 굽지 말고, 에어프라이어 바스켓에 겹치지 않을 정도로 담아야 골고루 잘 구워져요.
+ 높은 온도로 구우면 건조되기 전에 탈 수 있어요. 낮은 온도에서 오래 구워야 바삭한 과일 칩이 완성됩니다.

과일 칩

과일을 얇게 썰어 바삭하게 구운 과일 칩은 가벼운 술안주로 내기에 좋아요.
에어프라이어로 넉넉히 만들어두면 두고두고 활용할 수 있어요.

재료

- 오렌지
- 키위
- 사과
- 바나나 등 적당량

만드는 방법

1. **과일 썰기**
   과일은 모양을 살려 얇게 썬다.

2. **에어프라이어에 굽기**
   망에 과일을 펼쳐놓고 100℃에서 중간중간 뒤집으며 60분간 굽는다.

Cooking Recipe

채소 칩

고구마, 단호박, 연근 등 몸에 좋은 채소로 안주를 만들 수도 있어요.
너무 많은 양을 한꺼번에 구우면 골고루 익지 않으니 한 번 먹을 만큼만 구우세요.

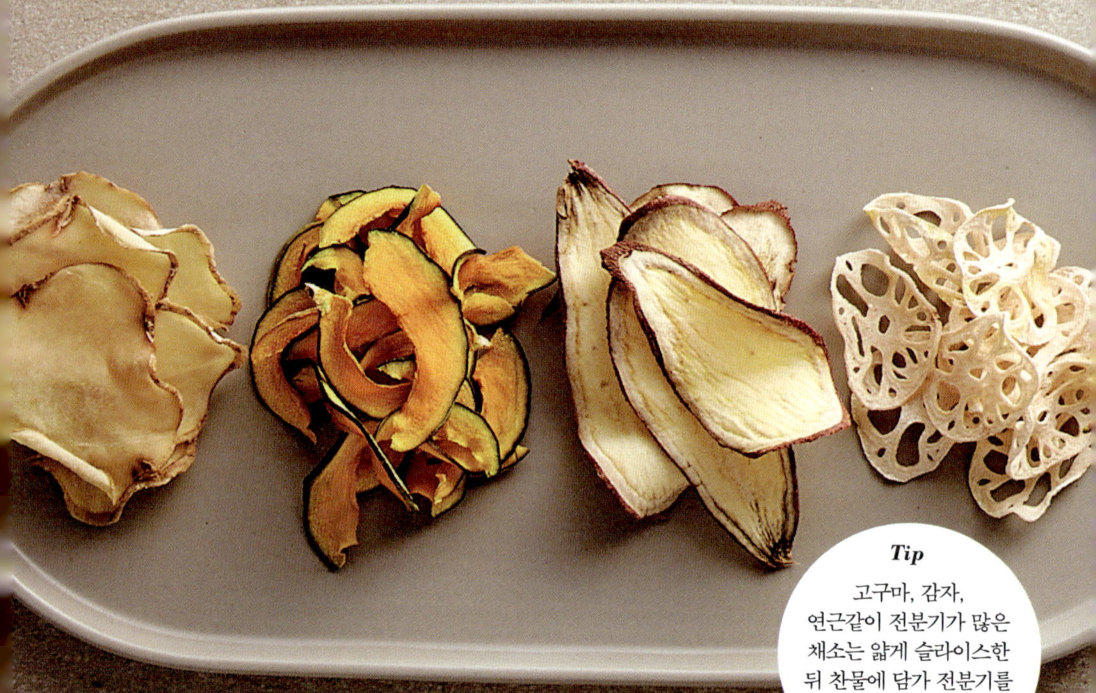

Tip

고구마, 감자, 연근같이 전분기가 많은 채소는 얇게 슬라이스한 뒤 찬물에 담가 전분기를 빼고 구워야 깔끔해요.

재료

- 단호박
- 고구마
- 연근
- 감자 등 적당량

만드는 방법

1. 채소 손질하기

단호박, 고구마, 연근, 감자를 깨끗이 씻어 얇게 썬다.

2. 전분기 빼기

고구마, 연근, 감자는 찬물에 10분가량 담가 전분기를 빼고 물기를 닦는다.

3. 에어프라이어에 굽기

에어프라이어에 채소를 겹치지 않게 담고 150℃에서 15분간 뒤집으며 굽는다.

Cooking Recipe

구운 견과류

견과류를 마른 팬에 볶아 술안주나 요리의 토핑으로 준비하면 좋아요.
프라이팬 대신 에어프라이어에 구우면 더 편리하고 골고루 구울 수 있답니다.

재료

· 모둠 견과 1줌

만드는 방법

1. **팬 달구기**
   팬을 뜨겁게 달군다.

2. **굽기**
   달군 팬에 모둠 견과류를 넣고 잘 저어가며 타지 않게 굽는다.

Tip

에어프라이어에 구울 때는 180℃에서 10분간 구우면 됩니다. 중간중간 섞어줘야 골고루 익어요.

Cooking Recipe

김말이튀김

냉동 김말이튀김은 가벼운 술자리에 어울리는 대표적인 술안주입니다. 에어프라이어를 사용하면 식용유를 쓰지 않아도 김말이에서 기름이 배어나와 바삭하게 튀겨져요.

재료

- 냉동 김말이 10개

만드는 방법

1. 에어프라이어에 굽기

150℃의 에어프라이어에 김말이를 넣고 10분간 노릇하게 굽는다.

2. 뒤집어 굽기

중간에 한 번 뒤집어 골고루 익힌다.

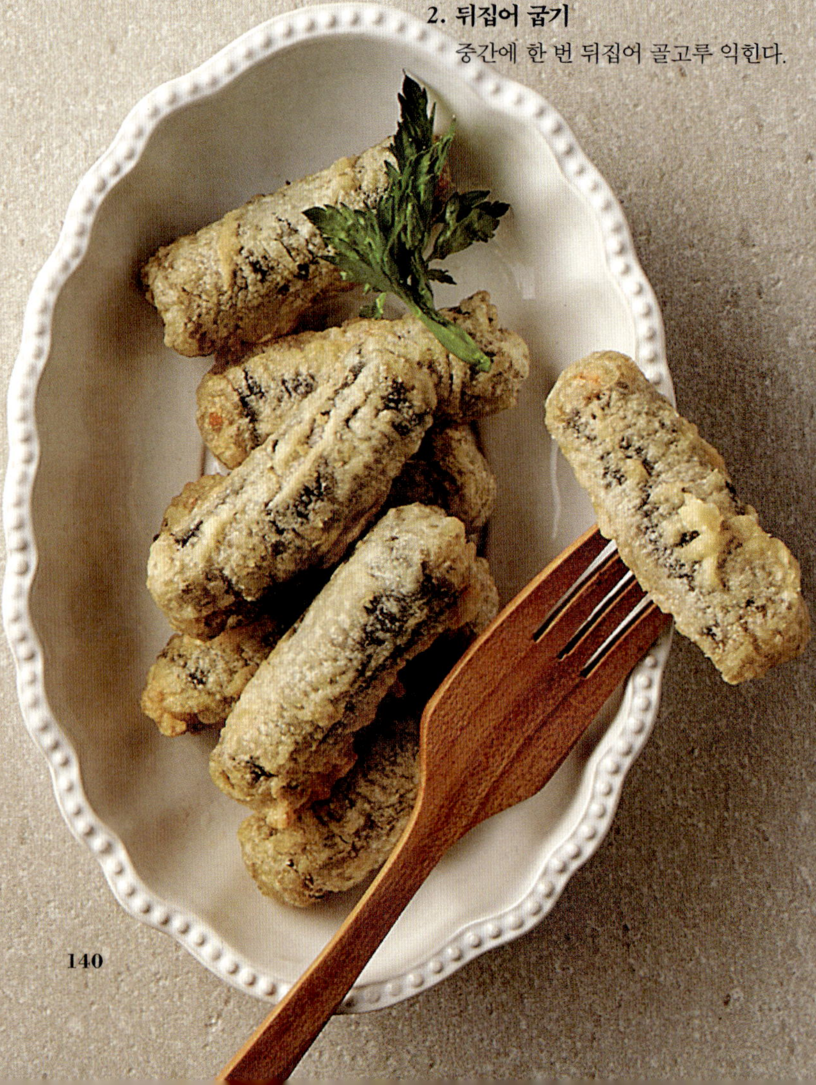

Cooking Recipe

비엔나소시지 구이

비엔나소시지에 칼집을 내 팬이나 에어프라이어에 구워보세요. 간단하면서 누구나 좋아하는 술안주가 됩니다. 꼬치에 꿰어 직화로 구워 먹어도 맛있어요.

재료

- 비엔나소시지 20개
- 식용유 조금

만드는 방법

1. **칼집 내기**
   비엔나소시지에 칼집을 낸다.

2. **팬에 굽기**
   팬에 식용유를 살짝 두르고 굴려가며 골고루 익힌다.

Cooking Recipe

반건조 오징어구이

반건조 오징어를 에어프라이어로 더 쫄깃하게 구울 수 있어요. 굽는 시간이 너무 길면 오징어가 딱딱해지니 중간중간 확인해가며 시간을 조절하세요.

재료

- 반건조 오징어 1마리

만드는 방법

1. **에어프라이어에 굽기**
   반건조 오징어를 에어프라이어 180℃에서 6분간 굽고, 뒤집어서 6분간 굽는다.

2. **마요네즈와 함께 내기**
   양옆을 가위로 칼집을 내서 접시에 담고 마요네즈와 함께 낸다.

Cooking Recipe

어묵구이

분식집 인기 메뉴인 어묵구이 역시 경제적으로 즐길 수 있는 스피드 술안주입니다.
식용유를 조금 발라 에어프라이어에 구우면 튀김처럼 바삭한 맛을 즐길 수 있어요.

재료

- 사각 어묵 2장

만드는 방법

1. **어묵 썰기**
   사각 어묵을 길게 썬다.

2. **에어프라이어에 굽기**
   에어프라이어에 겹치지 않게 담고 180℃에서 5~7분간 굽는다. 중간에 한 번 뒤집는다.

Tip
어묵에서 기름이 배어나와 기름 없이 구워도 좋지만, 기름을 조금 뿌려 구우면 튀김처럼 더 바삭하고 맛있어요.

Cooking Recipe

브리치즈 구이

브리치즈를 구우면 겉은 살짝 단단해지고 속은 부드럽고 말랑말랑해져서 그냥 먹는 것보다 더 맛있어요. 풍미도 좋아져 와인 안주로 그만이에요.

재료

- 브리치즈 1통

만드는 방법

1. **에어프라이어에 굽기**
   종이포일에 브리치즈를 올려 150℃에서 15분 굽는다.

2. **잘라서 와인과 함께 내기**
   겉이 살짝 노릇하게 구워지면 잘라서 와인과 함께 낸다.

Cooking Recipe

아이스크림을 올린 바나나구이

버터를 발라 구운 바나나에 아이스크림을 곁들였어요. 뜨거운 바나나와 차가운 아이스크림의 조합이 입을 즐겁게 해주는 색다른 술안주입니다.

재료

- 바나나 1개
- 황설탕 2작은술
- 버터 1작은술
- 녹차 아이스크림 1스쿠프
- 슈거파우더 조금

만드는 방법

1. **바나나 반 자르기**
   바나나는 껍질을 벗겨 길게 반으로 자른다.

2. **버터·설탕 녹이기**
   버터와 설탕을 전자레인지에 1분간 돌려 녹인다.

3. **바나나에 버터 바르기**
   자른 바나나에 녹인 버터를 바른 뒤 180℃의 에어프라이어에 넣고 앞뒤로 3분간 굽는다.

4. **접시에 담기**
   바나나를 접시에 담고 아이스크림을 올린 뒤 슈거파우더를 뿌린다.

Tip
구운 바나나에 생크림이나 견과류를 곁들여도 맛있어요.

마시멜로 초코 퐁듀

마시멜로를 꼬치에 꿰어 살짝 구운 뒤 녹인 초콜릿에 찍어 먹어보세요.
달콤하고 부드러운 마시멜로와 초콜릿이 술에 시달린 속을 달래줍니다.

재료 _____

- 마시멜로 12개
- 커버처 다크초콜릿 100g
- 나무 꼬치 4개

만드는 방법 _____

1. 마시멜로 꼬치 만들기

나무 꼬치를 물에 10분 이상 담가두었다가 마시멜로를 꽂는다.

2. 초콜릿 녹이기

내열용기에 커버처 다크초콜릿을 담고 150℃의 에어프라이어에서 3분 정도 돌려 녹인다.

3. 마시멜로 굽기

150℃의 에어프라이어에 종이포일을 깔고 마시멜로를 3분간 굽는다.

Tip. _____

+ 나무 꼬치는 물에 담갔다가 사용해야 타지 않아요.
+ 직화로 구울 때는 불 조절을 잘해야 타지 않고 골고루 노릇하게 구울 수 있어요.

* 요리

대한민국 대표 요리선생님에게 배우는
요리 기본기
한복선의 요리 백과 338

칼 다루기부터 썰기, 계량하기, 재료를 손질·보관하는 요령까지 요리의 기본을 확실히 잡아주고 국·찌개·구이·조림·나물 등 다양한 조리법으로 맛 내는 비법을 알려준다. 매일 반찬부터 별식까지 웬만한 요리는 다 들어있어 맛있는 집밥을 즐길 수 있다.

한복선 지음 | 352쪽 | 188×254mm | 22,000원

맛있는 밥을 간편하게 즐기고 싶다면
뚝딱 한 그릇, 밥

덮밥, 볶음밥, 비빔밥, 솥밥 등 별다른 반찬 없이도 맛있게 먹을 수 있는 한 그릇 밥 76가지를 소개한다. 한식부터 외국 음식까지 메뉴가 풍성해 혼밥으로 별식으로, 도시락으로 다양하게 즐길 수 있다. 레시피가 쉽고, 밥 짓기 등 기본 조리법과 알찬 정보도 가득하다.

장연정 지음 | 216쪽 | 188×245mm | 14,000원

그대로 따라 하면 엄마가 해주시던 바로 그 맛
한복선의 엄마의 밥상

일상 반찬, 찌개와 국, 별미 요리, 한 그릇 요리, 김치 등 웬만한 요리 레시피는 다 들어있어 기본 요리 실력 다지기부터 매일 밥상 차리기까지 이 책 한 권이면 충분하다. 누구나 그대로 따라 하기만 하면 엄마가 해주시던 바로 그 맛을 낼 수 있다.

한복선 지음 | 312쪽 | 188×245mm | 16,800원

입맛 없을 때, 간단하고 맛있는 한 끼
뚝딱 한 그릇, 국수

비빔국수, 국물국수, 볶음국수 등 입맛 살리는 국수 63가지를 담았다. 김치비빔국수, 칼국수 등 누구나 좋아하는 우리 국수부터 파스타, 미고렝 등 색다른 외국 국수까지 메뉴가 다양하다. 국수 삶기, 국물 내기 등 기본 조리법과 함께 먹으면 맛있는 밑반찬도 알려준다.

장연정 지음 | 200쪽 | 188×245mm | 14,000원

후다닥 쌤의
후다닥 간편 요리

구독자 수 52만 명의 유튜브 '후다닥요리'의 인기 집밥 103가지를 소개한다. 국·찌개, 반찬, 김치, 한 그릇 밥·국수, 별식과 간식까지 메뉴가 다양하다. 저자가 애용하는 양념, 조리도구, 조리 비법을 알려주고, 모든 메뉴에 QR 코드를 수록해 동영상도 볼 수 있다.

김연정 지음 | 248쪽 | 188×245mm | 16,000원

만약에 달걀이 없었더라면 무엇으로 식탁을 차릴까
오늘도 달걀

값싸고 영양 많은 완전식품 달걀을 더 맛있게 즐길 수 있는 달걀 요리 레시피북. 가벼운 한 끼부터 든든한 별식, 밥반찬, 간식과 디저트, 음료까지 맛있는 달걀 요리 63가지를 담았다. 레시피가 간단하고 기본 조리법과 소스 등도 알려줘 누구나 쉽게 만들 수 있다.

손성희 지음 | 136쪽 | 188×245mm | 14,000원

먹을수록 건강해진다!
나물로 차리는 건강밥상

생나물, 무침나물, 볶음나물 등 나물 레시피 107가지를 소개한다. 기본 나물부터 토속 나물까지 다양한 나물반찬과 비빔밥, 김밥, 파스타 등 나물로 만드는 별미요리를 담았다. 메뉴마다 영양과 효능을 소개하고, 월별 제철 나물, 나물요리의 기본 요령도 알려준다.

리스컴 편집부 | 160쪽 | 188×245mm | 12,000원

맛과 영양을 담은 피클·장아찌·병조림 60가지
자연으로 차린 사계절 저장식

맛있고 건강한 홈메이드 저장식을 알려주는 레시피북. 기본 피클, 장아찌부터 아보카도장이나 낙지장 등 요즘 인기 있는 레시피까지 모두 수록했다. 제철 재료 캘린더, 조리 팁까지 꼼꼼히 알려줘 요리 초보자도 실패 없이 맛있는 저장식을 만들 수 있다.

손성희 지음 | 176쪽 | 188×235mm | 14,000원

리스컴이 펴낸 책들

볼 하나로 간단히, 치대지 않고 쉽게
무반죽 원 볼 베이킹

누구나 쉽게 맛있고 건강한 빵을 만들 수 있도록 돕는 책. 61가지 무반죽 레시피와 전문가의 Tip을 담았다. 이제 힘든 반죽 과정 없이 볼과 주걱만 있어도 집에서 간편하게 빵을 구울 수 있다. 초보자에게도, 바쁜 사람에게도 안성맞춤이다.

고상진 지음 | 248쪽 | 188×245mm | 20,000원

소문난 레스토랑의 맛있는 비건 레시피 53
오늘, 나는 비건

소문난 비건 레스토랑 11곳을 소개하고, 그곳의 이기 레시피 53가지를 알려준다. 파스타, 스테이크, 후무스, 버거 등 트렌디한 비건 메뉴를 다양하게 담았다. 레스토랑에서 맛보는 비건 요리를 셰프의 레시피 그대로 집에서 만들어 먹을 수 있다.

김홍미 지음 | 204쪽 | 188×245mm | 15,000원

정말 쉽고 맛있는 베이킹 레시피 54
나의 첫 베이킹 수업

기본 빵부터 쿠키, 케이크까지 초보자를 위한 베이킹 레시피 54가지. 바삭한 쿠키와 담백한 스콘, 다양한 머핀과 파운드케이크, 폼나는 케이크와 타르트, 누구나 좋아하는 인기 빵까지 모두 담겨 있다. 베이킹을 처음 시작하는 사람에게 안성맞춤이다.

고상진 지음 | 216쪽 | 188×245mm | 16,800원

점심 한 끼만 잘 지켜도 살이 빠진다
하루 한 끼 다이어트 도시락

맛있게 먹으면서 건강하게 살을 빼는 다이어트 도시락. 영양은 가득하고 칼로리는 200~300kcal대로 맞춘 저칼로리 도시락으로, 샐러드, 샌드위치, 별식, 기본 도시락 등 다양한 메뉴를 담았다. 다이어트 도시락을 쉽고 맛있게 싸는 알찬 정보도 가득하다.

최승주 지음 | 176쪽 | 188×245mm | 15,000원

천연 효모가 살아있는 건강빵
천연발효빵

맛있고 몸에 좋은 천연발효빵을 소개한 책. 홈 베이킹을 넘어 건강한 빵을 찾는 웰빙족을 위해 과일, 채소, 곡물 등으로 만드는 천연발효종 20가지와 천연발효종으로 굽는 건강빵 레시피 62가지를 담았다. 천연발효빵 만드는 과정이 한눈에 들어오도록 구성되었다.

고상진 지음 | 328쪽 | 188×245mm | 19,800원

오늘, 허브를 심자
허브와 함께하는 생활

키우기 쉽고 활용하기 좋은 허브 8가지를 골라 키우는 법과 활용하는 법을 소개한다. 건강관리, 미용, 요리 등 생활 전반에 다양하게 활용할 수 있다. 침출액, 팅크제, 찜질 등 구체적인 방법과 꼼꼼한 팁까지, 허브에 대한 알찬 정보가 가득하다.

야마모토 마리 지음 | 168쪽 | 172×235mm | 14,000원

예쁘고, 맛있고, 정성 가득한 나만의 쿠키
스위트 쿠키 50

베이킹이 처음이라면 쿠키부터 시작해보자. 재료를 섞고, 모양내고, 굽기만 하면 끝! 버터쿠키, 초콜릿쿠키, 팬시쿠키, 과일쿠키, 스파이시쿠키, 너트쿠키 등으로 나눠 예쁘고 맛있고 만들기 쉬운 쿠키 만드는 법 50가지와 응용 레시피를 소개한다.

스테이시 아디만도 지음 | 144쪽 | 188×245mm | 13,000원

건강한 약차, 향긋한 꽃차
오늘도 차를 마십니다

맛있고 향긋하고 몸에 좋은 약차와 꽃차 60가지를 소개한다. 각 차마다 효능과 마시는 방법을 알려줘 자신에게 맞는 차를 골라 마실 수 있다. 차를 더 효과적으로 마실 수 있는 기본 정보와 다양한 팁도 담아 누구나 향기롭고 건강한 차 생활을 즐길 수 있다.

김달래 감수 | 200쪽 | 188×245mm | 15,000원

* 건강·다이어트

반듯하고 꼿꼿한 몸매를 유지하는 비결
등 한번 쫙 펴고 삽시다

최신 해부학에 근거해 바른 자세를 만들어주는 간단한 체조법과 스트레칭 방법을 소개한다. 누구나 쉽게 따라 할 수 있고 꾸준히 실천할 수 있는 1분 프로그램으로 구성되었다. 수많은 환자들을 완치시킨 비법 운동으로, 1주일 만에 개선 효과를 확인할 수 있다.

타카히라 나오노부 지음 | 168쪽 | 152×223mm | 16,800원

아침 5분, 저녁 10분
스트레칭이면 충분하다

몸은 튼튼하게 몸매는 탄력 있게! 아침 5분, 저녁 10분이라도 꾸준히 스트레칭하면 하루하루가 몰라보게 달라질 것이다. 아침저녁 동작은 5분을 기본으로 구성하고 좀 더 체계적인 스트레칭 동작을 위해 10분, 20분 과정도 소개했다.

박서희 지음 | 152쪽 | 188×245mm | 13,000원

라인 살리고, 근력과 유연성 기르는 최고의 전신 운동
필라테스 홈트

필라테스는 자세 교정과 다이어트 효과가 매우 큰 신체 단련 운동이다. 이 책은 전문 스튜디오에 나가지 않고도 집에서 일대일 필라테스를 쉽게 배울 수 있는 방법을 알려준다. 난이도에 따라 15분, 30분, 50분 프로그램으로 구성해 누구나 부담 없이 시작할 수 있다.

박서희 지음 | 128쪽 | 215×290mm | 10,000원

남자들을 위한 최고의 퍼스널 트레이닝
1일 20분 셀프PT

혼자서도 쉽고 빠르게 원하는 몸을 만들도록 돕는 PT 가이드북. 내추럴 보디빌딩 국가대표가 기본 동작부터 잘못된 자세까지 차근차근 알려준다. 오늘부터 하루 20분 셀프PT로 남자라면 누구나 갖고 싶어하는 역삼각형 어깨, 탄탄한 가슴, 식스팩, 강한 하체를 만들어보자.

이용현 지음 | 192쪽 | 188×230mm | 14,000원

* 임신출산·자녀교육

산부인과 의사가 들려주는 임신 출산 육아의 모든 것
똑똑하고 건강한 첫 임신 출산 육아

임신 전 계획부터 산후조리까지 현대의 임신부를 위한 똑똑한 임신 출산 육아 교과서. 20년 산부인과 전문의가 임신부들이 가장 궁금해하는 것과 꼭 알아야 것들을 알려준다. 계획 임신, 개월 수에 따른 엄마와 태아의 변화, 안전한 출산을 위한 준비 등을 꼼꼼하게 짚어준다.

김건오 지음 | 408쪽 | 190×250mm | 20,000원

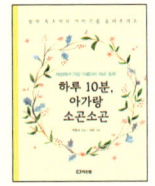

세상에서 가장 아름다운 태교 동화
하루 10분, 아가랑 소곤소곤

독서교육 전문가가 30여 년 동안 읽은 수천 권의 책 중에서 가장 아름다운 이야기 30여 편을 골라 모았다. 마음이 따뜻해지는 이야기, 재치 있고 삶의 지혜가 담긴 이야기, 가족 사랑과 인간애를 느낄 수 있는 이야기들이 가득하다. 태교를 이한 갖가지 정보도 알차게 담겨 있다.

박한나 지음 | 208쪽 | 174×220mm | 16,000원

말 안 듣는 아들, 속 터지는 엄마
아들 키우기, 왜 이렇게 힘들까

20만 명이 넘는 엄마가 선택한 아들 키우기의 노하우. 엄마는 이해할 수 없는 남자아이의 특징부터 소리치지 않고 행동을 변화시키는 아들 맞춤 육아법까지. 오늘도 아들 육아에 지친 엄마들에게 '슈퍼 보육교사'로 소문난 자녀교육 전문가가 명쾌한 해답을 제시한다.

하라사카 이치로 지음 | 192쪽 | 143×205mm | 13,000원

성인 자녀가 부모와 단절하는 원인과 갈등을 회복하는 방법
자녀는 왜 부모를 거부하는가

최근 부모 자식 간 관계 단절 현상이 늘고 있다. 심리학자인 저자가 자신의 경험과 상담 사례를 바탕으로 그 원인을 찾고 해답을 제시한다. 성인이 되어 부모와 인연을 끊는 자녀들의 심리와, 그로 인해 고통받는 부모에 대한 위로, 부모와 자녀 간의 화해 방법이 담겨 있다.

조슈아 콜먼 지음 | 328쪽 | 152×223mm | 16,000원

* 가정생활·취미

뇌 건강에 좋은 꽃그림 그리기
사계절 꽃 컬러링북

꽃그림을 색칠하며 뇌 건강을 지키는 컬러링북. 컬러링은 인지 능력을 높이기 때문에 시니어들의 뇌 건강을 지키는 취미로 안성맞춤이다. 이 책은 색연필을 사용해 누구나 쉽고 재미있게 색칠할 수 있다. 꽃그림을 직접 그려 선물할 수 있는 포스트 카드도 담았다.

정은희 지음 | 96쪽 | 210×265mm | 13,000원

우리 집을 넓고 예쁘게 꾸미는 아이디어
공간 디자인의 기술

집 안을 예쁘고 효율적으로 꾸미는 방법을 인테리어의 핵심인 배치, 수납, 장식으로 나눠 알려준다. 포인트를 콕콕 짚어주고 알기 쉬운 그림을 곁들여 한눈에 이해할 수 있다. 결혼이나 이사를 하는 사람을 위해 집 구하기와 가구 고르기에 대한 정보도 자세히 담았다.

가와카미 유키 | 240쪽 | 152×220mm | 16,800원

나 어릴때 놀던 뜰
우리 집 꽃밭 컬러링북

'아빠하고 나하고 만든 꽃밭에, 채송화도 봉숭아도 한창입니다…' 마당 한가운데 동그란 꽃밭, 그 안에 올망졸망 자리 잡은 백일홍, 봉숭아, 샐비어, 분꽃, 붓꽃, 채송화, 과꽃, 한련화… 어릴 적 고향 집 뜰에 피던 추억의 꽃들을 색칠하며 그 시절로 돌아가 보자.

정은희 지음 | 96쪽 | 210×265mm | 14,000원

화분에 쉽게 키우는 28가지 인기 채소
우리 집 미니 채소밭

화분 둘 곳만 있다면 집에서 간단히 채소를 키울 수 있다. 이 책은 화분 재배 방법을 기초부터 꼼꼼하게 가르쳐준다. 화분 준비부터 키우는 방법, 병충해 대책까지 쉽고 자세하게 설명하고, 수확량을 늘리는 비결에 대해서도 친절하게 알려준다.

후지타 사토시 | 96쪽 | 190×260mm | 13,000원

여행에 색을 입히다
꼭 가보고 싶은 유럽 컬러링북

아름다운 유럽의 풍경 28개를 색칠하는 컬러링북. 초보자도 다루기 쉬운 색연필을 사용해 누구나 멋진 작품을 완성할 수 있다. 꿈꿔왔던 여행을 상상하고 행복했던 추억을 떠올리며 색칠하다 보면 편안하고 따뜻한 힐링의 시간을 보낼 수 있다.

정은희 지음 | 72쪽 | 210×265mm | 13,000원

119가지 실내식물 가이드
실내식물 죽이지 않고 잘 키우는 방법

반려식물로 삼기 적합한 119가지 실내식물의 특징과 환경, 적절한 관리 방법을 알려주는 가이드북. 식물에 대한 정보를 위치, 빛, 물과 영양, 돌보기로 나누어 보다 자세하게 설명한다. 식물을 키우면 겪을 수 있는 여러 문제에 대한 해결책도 제시한다.

베로니카 피어리스 | 144쪽 | 150×195mm | 16,000원

꽃과 같은 당신에게 전하는 마음의 선물
꽃말 365

365일의 탄생화와 꽃말을 소개하고, 따뜻한 일상 이야기를 통해 인생을 '잘' 살아가는 방법을 알려주는 책. 두 딸의 엄마인 저자는 꽃말과 함께 평범한 일상 속에서 소중함을 찾고 삶을 아름답게 가꿔가는 지혜를 전해준다. 마음에 닿는 하루 한 줄 명언도 담았다.

조서윤 지음 | 292쪽 | 130×200mm | 16,000원

내 집은 내가 고친다
집수리 닥터 강쌤의 셀프 집수리

집 안 곳곳에서 생기는 문제들을 출장 수리 없이 내 손으로 고칠 수 있게 도와주는 책. 집수리 전문가이자 인기 유튜버인 저자가 25년 경력을 통해 얻은 노하우를 알려준다. 전 과정을 사진과 함께 자세히 설명하고, QR코드를 수록해 동영상도 볼 수 있다.

강태운 지음 | 272쪽 | 190×260mm | 22,000원

술자리를 빛내주는 센스 만점 레시피
술에는 안주

지은이 | 장연정
어시스트 | 편유미 이예은

사진 | 허광 (치즈 스튜디오)
어시스트 | 이규용

책임 편집 | 김민주
디자인 | 날마다작업실

인쇄 | 금강인쇄

초판 1쇄 | 2022년 12월 20일
초판 3쇄 | 2024년 5월 10일

펴낸이 | 이진희
펴낸 곳 | (주)리스컴

주소 | 서울시 강남구 테헤란로87길 22, 7151호(삼성동, 한국도심공항)
전화번호 | 대표번호 02-540-5192
　　　　　편집부 02-544-5194
FAX | 0504-479-4222

등록번호 | 제2-3348

ISBN 979-11-5616-292-6 13590
책값은 뒤표지에 있습니다.

블로그
blog.naver.com/leescomm

인스타그램
instagram.com/leescom

유튜브
www.youtube.com/c/leescom

유익한 정보와 다양한 이벤트가 있는 리스컴 SNS 채널로 놀러오세요!